KI im Autorenstübchen

Gabriele Herbst

KI im
Autorenstübchen

Gabriele Herbst

Umschlaggestaltung und Layout: Gabriele Herbst (Entwurf), Lisa Keskin (Umsetzung)

Lektorat / Korrektorat: Text-Tänzerin-UR e.U. | MMag. Ursula Rathensteiner

Druck und Vertrieb im Auftrag der Autorin:
Buchschmiede von Dataform Media GmbH, Wien

ISBN: 978-3-99165-561-9

Inhaltsverzeichnis

Teil 1
Zu diesem Buch

Statt eines Vorwortes

Ich stütze meinen Kopf in die Hände und raufe mir die Haare. „Ach, KIRobby. Es geht nicht. Das doofe ChatGPT tut nicht, was ich will!"

KIRobby rutscht von seinem Stuhl und schlurft mit quietschenden Gelenken zu mir. „Lass mal sehen."

Er sieht über meine Schulter auf den Bildschirm und liest im Eingabefeld:

ChatGPT, bitte schreibe mir ein Buch.

Als Antwort steht darunter:

Natürlich! Ich kann dir gerne eine Buchidee und einen kurzen Auszug daraus geben. Beachte jedoch, dass das Schreiben eines ganzen Buches ein umfangreiches Unterfangen ist, das mehr Zeit und Ressourcen erfordert. Hier ist eine Idee für ein Buch: […]

Ich wedele mit einer Hand Richtung Bildschirm. „Damit kann ich doch nichts anfangen. Ich will keine Idee, sondern ein Buch."

„Was hast du denn erwartet auf eine so allgemeine Frage?" KIRobby schüttelt den Kopf.

„Lies weiter. Ich habe die Frage noch konkretisiert."

Er blickt wieder auf den Bildschirm und liest:

Danke für diesen Vorschlag. Aber ich will keine Idee für ein Buch, sondern ein fertiges Buch. Am besten einen Bestseller.

Die Antwort lautet:

Als KI-Sprachmodell kann ich leider keine tatsächlichen Bücher oder Bestseller liefern, da meine Fähigkeiten auf das Generieren von Texten beschränkt sind. […]

Es erfordert viel Arbeit, Kreativität und manchmal auch Glück, um ein Buch zu schreiben, das sich zum Bestseller entwickelt. […] Mit Engagement und Ausdauer könntest du deinen eigenen Weg zu einem erfolgreichen Buch finden.

„Das hilft mir gar nichts." Ich stehe so heftig auf, dass mein Bürostuhl gegen die Wand knallt, und gehe zur Kaffeemaschine. „Warum finden alle dieses Programm so toll? Es taugt doch gar nichts. Wenn ich eh alles selber machen muss."

KIRobby zieht meinen Stuhl wieder heran und klettert hinauf. „Nur nicht verzagen, KIRobby fragen. Ich zeige dir Schritt für Schritt, wie ChatGPT dir helfen kann, ein Buch zu schreiben. Komm wieder her."

Vor mich hin brummend lasse ich mir einen Kaffee aus der Maschine, schiebe einen Stuhl neben KIRobby und setze mich gehorsam hin. „Na, wenn du meinst."

Lieber Leser, falls es Ihnen auch so geht, wie es mir ergangen ist, haben Sie genau das richtige Buch in der Hand. Ich zeige Ihnen, wie Künstliche Intelligenz (KI) zu einem hilfreichen Mitarbeiter wird, wie Sie Ihr Buchprojekt von der Idee bis zum Klappentext effektiv umsetzen und Ihre schriftstellerische Arbeit verbessern und beschleunigen.

Disclaimer

Ausschließlich wegen der besseren Lesbarkeit verzichte ich auf eine geschlechterspezifische Schreibweise und Mehrfachnennungen. Stattdessen verwende ich das generische Maskulinum in wertschätzender Art und Weise; bitte sehen Sie alle Personenbezeichnungen als neutral an.

Ich berichte in diesem Buch ausschließlich von meinen Erfahrungen, meinem Umgang mit den Programmen. Alle, die ich hier erwähne, habe ich selbst ausprobiert und im Rahmen meiner Arbeitsweise für mehr oder weniger gut befunden. Ich benutze sie im Wechsel, je nachdem, welches mir gerade sinnvoll erscheint. Im 4. Teil finden Sie eine kurze Beschreibung der erwähnten Tools.

Alles, was Sie in diesem Buch lernen, können Sie auf jedes der genannten Programme anwenden. Es spielt daher keine Rolle, für welches Sie sich später entscheiden. Probieren Sie alle aus und nehmen Sie das, welches Ihnen am meisten liegt; am Ende ist es auch eine Kostenfrage.

Hinzufügen möchte ich noch, dass ich mit keinem der Programme etwas zu tun habe, außer, dass ich sie benutze. Ich habe keinen Vorteil, wenn Sie sich für das eine oder andere Programm entscheiden und über einen Link aus diesem Buch dorthin gelangen; es gibt in diesem Buch keine Affiliate-Links.

Natürlich habe ich mir beim Schreiben dieses Buches von KI helfen lassen. Aber ich verwende die Tools so, wie ich es Ihnen nahelege, nämlich als Unterstützung bei der Arbeit. Keiner der Texte ist mit KI generiert; die Ausschnitte aus den Antworten von ChatGPT sind gekennzeichnet.

Bezüglich der rechtlichen Fragen betone ich, dass es sich hierbei nur um allgemeine Hinweise handelt, die die aktuelle Rechtslage bei Erscheinen des Buches darstellen. Es handelt sich um keine Rechtsberatung, sondern nur um mein Wissen, das ich mir aus verschiedenen Quellen angeeignet habe und weitergebe.

Wenn Sie eine konkrete Rechtsberatung benötigen, wenden Sie sich bitte an den Anwalt Ihres Vertrauens.

Wenn ich in diesem Buch von GPT – generative pretrained transformer – rede, meine ich Text-zu-Text-Programme. Das ist zwar technisch nicht korrekt, aber für dieses Buch ausreichend, da es hier nur um diese Anwendungen geht. Wenn ich ein bestimmtes Programm meine, schreibe ich dessen Namen aus.

Wieso noch ein Buch über das Schreiben mit Künstlicher Intelligenz und wieso von mir

Mit Computertechnik befasse ich mich, seit es PCs gibt, erst notgedrungener Weise, dann immer mehr und begeisterter. Ich probiere alle Programme aus, die für meinen Studien- und Berufsalltag von Nutzen sind oder auch nur zum Zeitvertreib dienen. Mit KI hatte ich zuerst wenige Berührungspunkte. Ich wusste, dass es sie gibt, dass personalisierte Werbeanzeigen, Fingerabdruck- oder Gesichtsscanner sowie Navigationssysteme mit KI-Programmen funktionieren und auch, dass Videos und Fotos mit KI-Anwendungen manipuliert werden können. Aber dass es möglich sein würde, KI in meinem Alltag zu nutzen, daran dachte ich nicht.

Und dann kam ChatGPT. Als ich das erste Mal im Herbst 2022 davon hörte, stürzte ich mich sofort darauf. Ich spielte damit und anderen KI-Programmen herum – oft bis tief in die Nacht. Denn, wie Sie vorne gelesen haben, funktionierte zuerst einmal nichts. Ich stellte mir die Frage nach dem Sinn dieser Tools und begann mich schlauzumachen.

Nach vielem Lesen und Üben wurden die Ergebnisse immer besser. Dann fing ich an, ChatGPT auch für meinen Fantasyroman zu nutzen, den ich im Sommer begonnen hatte. Das hat mir enorm bei der Ausarbeitung meiner Grundidee und der Charaktere geholfen.

In meinem Freundeskreis und unter Autorenkollegen sprach es sich herum, dass ich mich auskannte, und es kamen die ersten Fragen zur Anwendung. Ich beantwortete alle sehr gerne und mache dies auch weiterhin.

Nebenher lese ich alles, was ich zum Thema KI in die Finger bekomme. Nicht nur über die Anwendung der Programme, sondern auch über KI im Allgemeinen. Ich belegte Kurse an der Universität, der Google Akademie, bei IBM und inLearning.

Und ich suchte nach einem Buch, das mir die Anwendungen, insbesondere von ChatGPT und ähnlichen Programmen, kurz und nachvollziehbar erklärt. Leider habe ich keines gefunden, das mir wirklich zugesagt hat.

Daher drängte sich der Gedanke auf, einen Ratgeber zu schreiben, den ich selbst gerne lesen würde. Ich hoffe, dass er Ihnen helfen wird, sich an das Thema „Schreiben mit KI" heranzutasten und die Tools in Ihrem Schreiballtag nutzbringend einzusetzen.

Für wen ist dieses Buch

Dieses Buch schreibe ich in erster Linie für Autoren von Romanen und Sachbüchern, aber auch Texter jeder Art können davon profitieren.

Eine gewisse Offenheit gegenüber KI sollte vorhanden sein. Da Sie dieses Buch in der Hand halten, gehe ich davon aus, dass diese bei Ihnen vorliegt.

Zudem sollten Sie Kenntnisse des Schreibhandwerks haben. Begriffe wie Plotten, Storyline oder Spannungsbogen werde ich nicht erklären, sondern setze sie als gegeben voraus. Sollten Sie mit einem Begriff nicht vertraut sein, ist die Erklärung mit einer Suchmaschine nur wenige Klicks entfernt.

Geplant hatte ich, ein Buch zu schreiben, welches den gesamten Arbeitsbereich unseres Berufsbildes abdeckt, also auch Grafik, Layout und Marketing.

Bald wurde mir klar, dass das viel zu umfangreich wäre. Ich will Sie ja nicht mit einem 400-Seiten-Wälzer erschlagen. Daher habe ich mich auf den Teil beschränkt, der mit dem Schreiben an sich zu tun hat – also von der Ideenfindung bis zum Klappentext. Alles darüber hinaus füllt für sich genommen mindestens ein weiteres Buch. Wenn Sie sich für eines dieser Themen interessieren, muss ich Sie leider enttäuschen und auf andere Literatur verweisen.

Teil 2
Allgemeiner Teil

Bevor wir mit der Anwendung loslegen, möchte ich Ihnen etwas über die KI im Allgemeinen erzählen. Ein paar Worte zur Geschichte, was KI wirklich ist und wie sie funktioniert.

Wenn Sie das nicht interessiert, überspringen Sie dieses Kapitel. Die Tools können Sie auch ohne dieses Wissen anwenden.

Wenn Sie, wie ich, zu den Menschen gehören, die gerne wissen, womit Sie es zu tun haben, freue ich mich, wenn Sie auch diesen Teil lesen.

Geschichte der KI

Der Traum des Menschen, autonome Maschinen zu bauen, ist fast so alt wie die Menschheit selbst. Aus dem alten China ist eine Geschichte bekannt, nach welcher der Ingenieur Yen Shi dem König Mu der Zhou Dynastie (1023 – 957 v. Chr.) einen menschenähnlichen Automaten vorstellte, der laufen, den Kopf bewegen und singen konnte. Als der Automat anfing, den anwesenden Damen schöne Augen zu machen, kam Yen Shi gerade noch mit dem Leben davon, indem er ihn an Ort und Stelle zerlegte, um dem König zu beweisen, dass er nicht echt war.[1]

Durch alle Jahrhunderte und Zivilisationen hindurch wurden Automaten konstruiert und gebaut. Die Erfindungen erstreckten sich auf viele Bereiche des menschlichen Daseins. Es wurden automatische Tempeltüren, Musik- und Spielautomaten, Uhrwerke, Webstühle und Spinnmaschinen gebaut, die teilweise völlig autonom funktionierten.

Mitte des 17. Jahrhunderts konstruierte Blaise Pascal die „Pascaline". Lange Zeit galt sie als erste Rechenmaschine, die mechanisch einen Zehnerübertrag realisierte.[2] Diese konnte Additionen und Subtraktionen automatisch durchführen, indem sie Zahnräder und Zählräder verwendete.

Im 18. Jahrhundert baute Jacques de Vaucanson eine mechanische Ente, die Körner picken, verdauen und ausscheiden konnte. In diesem Jahrhundert wurde auch bereits über Schachautomaten nachgedacht.

Der erste Schachroboter von Wolfgang von Kempelen, bekannt als der „Schachtürke", stellte sich allerdings als Fake heraus; hinter ihm verbarg sich ein Mensch.[3] Denn die technischen Voraussetzungen, solche Maschinen zu bauen, waren damals nicht gegeben.

Funfact:

Die berühmte Redewendung „Das ist doch alles nur getürkt …" beruht auf der Geschichte dieses Schachtürken.

Auch der Wunsch, nicht nur menschliche Handlungen zu imitieren, sondern auch das menschliche Denken, ist sehr alt. Schon in der Antike wurde eine allgemeine Vorstellung des „Homunculus" (künstliches Menschlein) beschrieben.

Aus dem Jahr 1538 n. Chr. existiert die Paracelsus zugeschriebene Schrift „De Natura Rerum", welche Pläne zur Herstellung eines „Homunculus" enthält.[4]

Aus diesem Wunschdenken heraus entstanden auch die Geschichten über Golem, Frankenstein oder andere künstliche Wesen.

Ebenso alt wie der Traum, menschenähnliche Automaten zu bauen, ist das Bestreben, das Denken zu formalisieren. Im 1. Jtsd. v. Chr. ersannen Philosophen in China, Indien, Arabien und Europa strukturierte Methoden der formalen Deduktion.[5] Diese wurden über die Jahrhunderte weiterentwickelt.

Im 17. Jhdt. n. Chr. entstand das Bestreben, das rationale Denken so systematisch zu gestalten wie Algebra oder Geometrie. Thomas Hobbes schrieb im „Leviathan": „For reason in this sense is nothing but reckoning (that is adding and subtracting) of the consequences of general names agreed upon for the marking and signifying our thoughts."[6] („Denn die Vernunft ist in diesem Sinne nichts anderes als die Berechnung (d. h. Addieren und Subtrahieren) der Folgerungen aus allgemeinen Namen, die zur Kennzeichnung und Bezeichnung unserer Gedanken vereinbart wurden." Übersetzung von deepl.com)

Gottfried Wilhelm Leibnitz dachte sich eine Universalsprache des Denkens aus, die „Characteristica Universalis". Seine Idee war, dass alle Probleme in diese Sprache übersetzt und dann mit Hilfe seiner Maschine, des „Calculus Roticionator", ausgerechnet werden konnten. Zu Lebzeiten konnte Leibnitz dieses Problem allerdings nicht lösen.

Info:

Gottfried Wilhelm Leibnitz erfand das binäre Zahlensystem. Das Wort kommt aus dem Lateinischen: bina = paarweise.

Der britische Mathematiker und Ingenieur Charles Babbage entwarf im 18. Jhdt. die „Analytical Engine", eine bahnbrechende Idee, die als Vorläufer moderner Computer gilt.[7] Diese Maschine sollte nicht nur Berechnungen durchführen, sondern auch Programme speichern und ausführen können. Ada Lovelace, eine Mathematikerin und Tochter des romantischen Dichters Lord Byron, schrieb das erste Programm für diese Maschine, wodurch sie von vielen Historikern als erste Programmiererin angesehen wird.

Im Jahre 1941 stellte der Ingenieur Konrad Zuse seinen Z3 vor, der heute als der erste programmierbare Computer der Welt gilt. Zuses Z3 arbeitete nicht wie alle anderen Rechenmaschinen zu dieser Zeit mit dem Dezimalsystem, sondern er rechnete nur mit zwei Ziffern, 0 und 1, dem binären System, mit dem heute alle Computer arbeiten. Für Maschinen ist das Binärsystem ideal, denn die beiden Ziffern können durch „Schalter aus" und „Schalter an" dargestellt werden.[8]

Der Begriff „artificial intelligence" tauchte zum ersten Mal 1956 anlässlich eines Antrags zur Abhaltung der sogenannten „Dartmouth Conference" auf (vollständiger Name: Dartmouth Summer Research Project on Artificial Intelligence). Diese fand vom 19. Juni bis zum 16. August 1956 am Dartmouth College in Hanover, New Hampshire, statt. Sie gilt als Gründungsveranstaltung der akademischen Fachrichtung Künstliche Intelligenz.

Im selben Jahr entstand bei der Zusammenarbeit zwischen Allen Newell, Herbert A. Simon und Cliff Shaw das Programm „Logic Theorist".

Es wurde entwickelt, um die Lösungsfähigkeiten menschlicher Mathematiker nachzuahmen. Es war nicht nur in der Lage, mathematische Theoreme zu lösen, sondern für einige Lösungen auch neue und kürzere Beweise als die bisher bekannten zu finden. Es war das erste Programm, das automatisierte Schlussfolgerungen ziehen konnte, und wird als das erste Programm der Künstlichen Intelligenz angesehen.[9]

In den 1970er und 1980er Jahren kamen die ersten Personal Computer auf den Markt. Spätestens mit der Einführung von grafischer Benutzeroberfläche und Maus begann deren Siegeszug. Ab den 1990er Jahren ermöglichte das World Wide Web jedem Nutzer den Zugriff auf Informationen und vereinfachte die globale Vernetzung von Menschen, Unternehmen und Institutionen.

Durch Fortschritte im Bereich der KI in den 2000er Jahren konnten Computer so trainiert werden, dass sie menschenähnliche Aufgaben wie Bilderkennung, Sprachverarbeitung und sogar autonome Entscheidungen durchführen können. Dies ermöglichte es, KI-Technologien in Bereichen des täglichen Lebens wie Medizin, Finanzen, Verkehr und Unterhaltung einzusetzen. Die weitere Entwicklung führte schließlich zu leistungsstarken Modellen, die in der Lage sind, Text zu generieren, Fragen zu beantworten und die in verschiedenster Weise angewendet werden können.

Im Herbst 2022 hat das Programm ChatGPT der Firma OpenAI die KI schließlich in das Bewusstsein aller katapultiert. Es war die erste Anwendung, die jedermann nutzen konnte. Zwar haben wir die Auswirkungen der KI auch vor ChatGPT zu spüren bekommen, aber jetzt gab es für alle die Möglichkeit, sie selbst anzuwenden.

Wenn Sie an einem detaillierten Überblick über die Geschichte der KI interessiert sind, empfehle ich das Buch „Künstliche Intelligenz für Dummies".[10] Auf den Seiten 40 ff des besagten Buches finden Sie eine tabellarische Übersicht mit allen Meilensteinen.

KI ja oder nein

Schon lange hat kein technischer Fortschritt die Menschen so polarisiert wie die KI – entweder man liebt sie oder man fürchtet sie. Die Frage, ob Sie sie gut oder schlecht finden, müssen Sie für sich selbst beantworten. Meines Erachtens ist das aber nicht das Entscheidende; die richtige Frage lautet für mich, was wir damit machen. Denn eigentlich geht es nicht darum, ob die KI die Macht übernimmt und die Menschheit auslöscht oder zumindest uns alle arbeitslos macht. Sondern es geht – wie immer schon – um Profit, Macht und Wirtschaftswachstum. Es geht um dieselben Probleme, mit denen wir schon seit Jahrzehnten konfrontiert sind, die Aldous Huxley 1932 in „Schöne neue Welt" und George Orwell 1949 in „1984" beschrieben haben.[11]

Tatsache ist, dass diese Technologie da ist und nicht mehr verschwinden wird. Sie ist weder eine Blase noch ein momentaner Hype. Es hilft nichts, den Kopf in den Sand zu stecken und so zu tun, als ob uns Autoren das nichts anginge. Sie wird ein wichtiger Teil unseres Lebens bleiben und die Art und Weise unserer Arbeit verändern.

Meines Erachtens werden alle, die nicht lernen, sie zu ihrem Vorteil einzusetzen, genauso auf der Strecke bleiben wie jene, die seinerzeit dachten, das Internet sei nur eine vorübergehende Erscheinung. Der Buchmarkt ist hart umkämpft, und ich bin sicher, unsere Konkurrenz wird die KI zu nutzen wissen und so einen Vorsprung erlangen.

Ich möchte hier die größten Bedenken aufführen, die ich oft höre, und diese – hoffentlich – entkräften:

KI wird uns Autoren ersetzen

KI ist großartig und meistert verschiedene Aufgabenbereiche besser als der Mensch. Aber sie ist weder kreativ noch emotional und vor allem hat sie nicht die einzigartige Sichtweise auf die Welt, die wir Menschen haben. Nur wir Autoren selbst können die Botschaft, die wir mit unseren Büchern vermitteln wollen, auf unsere ganz persönliche Art darstellen.

Was wir tun können, um weiterhin am Markt zu bestehen:

- Schreiben wir auf hohem Niveau.
- Zeichnen wir uns durch ein Alleinstellungsmerkmal in unseren Büchern aus.
- Erschaffen wir faszinierende Figuren, außergewöhnliche Settings und überraschende Wendungen.

Die KI verhindert Authentizität

Ich sehe die KI-generierten Inhalte als Ausgangspunkt unseres Schaffens, als Sparringspartner zum Gedankenaustausch und Ankurbeln der eigenen Kreativität. Es liegt in unserer Hand, was wir davon nutzen und wie wir diese Inhalte so verändern, dass das Ergebnis zu uns passt und unsere Stimme und Sichtweise widerspiegelt.

Was wir tun können, damit unsere Persönlichkeit im Text nicht verlorengeht:

- Nehmen wir die KI-generierten Inhalte als Ausgangspunkt und lassen unsere Persönlichkeit und Stimme einfließen.
- Verwenden wir KI als ein Werkzeug, das uns bei unserem Schreibprozess unterstützt.
- Vertrauen wir nicht zu sehr auf die KI-generierten Inhalte, sondern sehen sie als Ergänzung zu unseren Fähigkeiten.

Wenn ich KI-generierte Inhalte verwende, mache ich mich des Plagiats schuldig

Unser Ziel als Autoren ist es, originelle und einzigartige Texte zu verfassen. Da ist es nur natürlich, dass man sich Sorgen über das Risiko eines unbeabsichtigten Plagiats macht.

Wenn Sie mit KI arbeiten, denken Sie daran, dass sie zwar großartig darin ist, Inhalte aufgrund von Daten und Mustern zu erstellen, sie aber nicht in der Lage ist, wirklich originelle Texte zu erstellen.

Was wir tun können, um unbeabsichtigte Plagiate zu vermeiden:

- Bringen wir unsere eigene Persönlichkeit und Stimme ein und machen die Vorschläge zu unserem eigenen Text.
- Nutzen wir verschiedene KI-Tools und Quellen.
- Prüfen wir die Inhalte auf Richtigkeit und Doppelungen.

Wenn ich KI-generierte Inhalte verwende, ist der Text nicht mehr von mir

Wenn sich jemand ein Buch von einem KI-Programm schreiben lässt, ist der Text natürlich nicht von ihm. Wenn er es dann ohne Kennzeichnung veröffentlicht, neige ich sogar dazu, das – unabhängig von der Rechtslage – als ethisch bedenklich anzusehen.

Wenn wir die Anwendungen so nutzen, wie ich es vorschlage, sehe ich es anders. Dann sind, wie oben beschrieben, die Programme unsere Sparringspartner, die unseren Gedanken auf die Sprünge helfen und die Kreativität ankurbeln. So wie wir auch Ideen verwenden, die während eines Brainstormings mit anderen Autoren oder eines Coachings entstanden sind.

Wie wir uns ethisch korrekt verhalten:

- Bleiben wir transparent. Es ist keine Schande, sich von KI helfen zu lassen. Aber sollten wir KI-generierte Texte ausnahmsweise einmal verwenden, z. B. bei Social Media Posts, kennzeichnen wir sie als solche.

- Überprüfen wir die Texte auf Vorurteile und ungewollte Verzerrungen (sogenannter Bias).
- Bleiben wir verantwortungsvoll und nutzen die KI nicht, um irreführende oder falsche Informationen zu verbreiten oder Texte zu erstellen, die gegen demokratische, ethische oder moralische Normen verstoßen.

Fazit

Sich mit einer neuen Technologie auseinanderzusetzen ist immer anstrengend, zeitraubend und vielleicht auch furchteinflößend. Aber die Programme werden immer unkomplizierter und benutzerfreundlicher. Und schließlich sitze ich hier und schreibe dieses Buch, damit Sie möglichst einfach und schnell davon profitieren und sich alle Fehler sparen, die ich gemacht habe.

Ich sehe die Anwendungen der KI als meine unermüdlichen Assistenten, die mich in meiner Arbeit unterstützen und mir Zeit sparen. Denn am Ende sind wir von der schreibenden Zunft auch nur Unternehmer, die mit ihren Ressourcen haushalten müssen.

Anstatt die KI zu verteufeln oder zu ignorieren, nutzen wir sie lieber, um unser Schreiben zu verbessern und das, was wir vermitteln wollen, bestmöglich deutlich zu machen.

Was ist KI wirklich

Das Forschungsfeld der KI ist ein Teilgebiet der Informatik und beruht auf der Annahme, dass der Prozess des menschlichen Denkens formalisiert werden kann.

(Siehe auch im Abschnitt „Geschichte der KI")

Es existiert bis heute keine einheitliche Definition von KI, zumal diese einem andauernden Wandel unterliegt.

Das Europäische Parlament hat sie folgendermaßen definiert:

„Künstliche Intelligenz ist die Fähigkeit einer Maschine, menschliche Fähigkeiten wie logisches Denken, Lernen, Planen und Kreativität zu imitieren."[12]

Das Forschungsgebiet der KI beschäftigt sich also damit, das menschliche Denken und Lernen auf einen Computer zu übertragen. Das Ziel dabei ist, dass ein Computer nicht mehr für unterschiedliche Aufgaben programmiert werden muss, sondern in der Lage ist, selbständig Probleme zu lösen, Schlussfolgerungen zu ziehen und Antworten zu finden.

Allgemein wird zwischen starker und schwacher KI unterschieden. Eine schwache KI ist immer nur auf einem Gebiet intelligent. Sie wird entwickelt und trainiert, ein bestimmtes Problem zu lösen. In einem begrenzten Anwendungsgebiet kann sie eine oder mehrere spezifische Aufgaben erledigen und innerhalb dieses Bereichs durch eigenständiges Lernen besser werden. Sie besitzt keine Kreativität und ist nicht in der Lage, im universellen Sinne zu lernen. Ein Schachcomputer wird ebenso wenig lernen, Texte zu verfassen, wie ein Bilderkennungsprogramm, Schach zu spielen.

Dagegen ist die starke KI ein multiintelligentes System und verfügt über gleiche (oder bessere) intellektuelle Fähigkeiten als der Mensch. Sie könnte alle möglichen Aufgaben erledigen – ob sie darauf trainiert wurde oder nicht – und flexibel reagieren.

Ihr könnte also eine unbekannte Aufgabe gestellt werden und sie wäre intelligent genug, um eine Erfahrung aus einem anderen Gebiet auf diese Aufgabe zu übertragen und so eine Lösung des Problems zu finden.

Bei allen Modellen, auf die wir heute zugreifen können, handelt es sich um schwache KI. Die starke KI ist eine Zukunftsvision, die wir aus dem Sci-Fi-Bereich kennen; z. B. aus „Odyssee im Weltraum", „I,Robot" oder „Terminator". Im richtigen Leben gibt es hierfür noch keine Beispiele. Auch ist unter Fachleuten umstritten, ob diese Vision jemals verwirklicht werden kann.

Info:

Schwache KI simuliert menschliche Intelligenz. Starke KI bildet menschliche Intelligenz nach.

Wie funktioniert ein Text-zu-Text-Programm

Die sogenannten Text-zu-Text-Programme, um die es in diesem Buch geht, gehören zu den generativen KI-Modellen. Das sind Anwendungen, die etwas Neues erstellen, in unserem Fall Text. Andere generative Programme können Bilder, Audios oder Videos erstellen. Im Gegensatz dazu stehen nichtgenerative Programme wie Analysetools und Gesichts- oder Spracherkennungssoftware.

Diesen GPT – generative pretrained transformer – Programmen wird eine unvorstellbare Menge an menschlichem Wissen vermittelt. Dazu werden Internettexte, Bücher, Zeitschriften, Zeitungsartikel und sonstige Texte eingegeben.

Daraus entwickelt das Modell ein grundlegendes Verständnis für die Sprache – wie Grammatik, Struktur, Wortschatz – und erlernt verschiedene Muster innerhalb der Texte.

Darüber hinaus lernt es aber auch, wie Wörter zusammenwirken, um übergeordnete Ideen zu bilden, und schließlich, wie Wortfolgen strukturierte Gedanken oder logische Zusammenhänge schaffen. Dadurch ist es in der Lage, Antworten auf Grundlage von Wahrscheinlichkeiten und Textmustern zu generieren.

In einem weiteren Schritt werden dem System Fragen gestellt und die Ergebnisse überprüft. Falsche oder ungewollte (z. B. gewaltverherrlichende oder diskriminierende Antworten werden verworfen. So lernt das System, dass auf die Frage *Welche Farbe hat die Sonne?* die erwünschte Antwort „gelb" ist und nicht „grün" oder „blau". Das heißt, das Programm weiß die richtige Antwort nicht, sondern versucht, die wahrscheinlichste und sinnvollste Antwort auf die eingegebene Frage zu erzeugen, auf Grundlage dessen, was es während des Trainings gelernt hat.

Bei einer Anfrage transformiert – übersetzt – das Programm die gelernten Inhalte in eine Antwort, welche sich danach richtet, was gefragt wurde.

Grenzen der generativen KI

Wie wir gesehen haben, sind diese Sprachmodelle keine Wissensmodelle, sondern können Texte nur nach Wahrscheinlichkeiten ergänzen. Daraus können Probleme entstehen.

Info:

KI denkt nicht, sie rechnet.

Halluzination

Dies bedeutet, dass der generierte Text zwar sprachlich korrekt sein kann, er aber deswegen nicht der Wahrheit entsprechen muss.

Ein Fall von solchen Halluzinationen hat es sogar bis in die *New York Times* geschafft: Ein New Yorker Anwalt ließ sich für einen Prozess von ChatGPT Präzedenzfälle heraussuchen, die ihm auch prompt geliefert wurden – inklusive Aktenzeichen. Vor Gericht stellte sich heraus, dass diese Fälle nicht existierten; das System hatte sie erfunden – was den Anwalt ziemlich in die Bredouille brachte.

Das Problematische an diesen Halluzinationen ist, dass sie oft schwer zu erkennen sind. Sie klingen sehr logisch und sind so präzise formuliert, dass sich auch Experten schwertun können, sie zu durchschauen.

Für uns heißt das, wenn wir Recherche mit Hilfe von GPT betreiben, verlassen wir uns nicht auf die Richtigkeit der erhaltenen Informationen, sondern prüfen sie immer nach.

Bias

Eine besondere Beachtung gilt der Verzerrung oder Voreingenommenheit – auch als Bias bezeichnet. Diese kann auftreten, wenn die Trainingsdaten falsch, unvollständig oder nicht repräsentativ für die Vielfalt der realen Welt sind. Das kann dazu führen, dass bestimmte Gruppen oder Informationen bevorzugt oder benachteiligt werden. Zum Beispiel könnten Antworten auf Fragen zu Geschlecht, Hautfarbe oder anderen persönlichen Eigenschaften ungenau oder ungerecht ausfallen. Dies ist vor allem ein Problem bei der Verbrechensbekämpfung und -prävention.

Tipp:

Der Prompt-Zusatz *Achte bitte darauf, dass die Antwort unvoreingenommen ist und sich nicht auf Stereotypen stützt* soll die Wahrscheinlichkeit eines Bias verringern.

Wenn ein System z. B. ein bestimmtes Stadtviertel als besonders gefährlich einstuft, weil es in seinen Trainingsdaten ein Muster erkannt hat, nimmt die Polizei dort verstärkt Kontrollen vor – und fördert dadurch noch mehr Delikte zu Tage, die wiederum in die Software einfließen. Ein Teufelskreis der Diskriminierung.[13]

Auch wenn die Entwickler der KI-Programme ständig daran arbeiten, solche Verzerrungen zu minimieren, ist dieses Problem bisher nicht endgültig gelöst. Hier liegt es an uns Nutzern, die Antworten der Sprachmodelle kritisch zu hinterfragen und solche Verzerrungen nicht zu übernehmen.

Aktualität der Daten

Eine weitere Grenze der Sprachmodelle liegt in der Aktualität der Daten. Die Trainingsdaten z. B. für ChatGPT 3.5 enden mit Juni 2021. Das heißt, alles was danach auf der Welt passiert ist, bezieht das System nicht in seine Antworten mit ein.

Es gibt inzwischen Sprachmodelle wie Microsoft Copilot oder auch die Bezahl-Version von ChatGPT, die direkt auf das Internet zugreifen können und tagesaktuelle Informationen berücksichtigen.

Fazit

Anhand der Grenzen der KI lässt sich gut erkennen, dass sie nur eine Unterstützung für den Menschen sein kann. Dieser ist unbedingt notwendig, um die Maschinen zu kontrollieren und deren Ergebnisse auf menschliche Werte und Moralvorstellungen zu überprüfen und anzupassen.

Rechtliche Fragen

Mit dem Einzug der KI in unsere Welt häufen sich auch die Anforderungen an eine rechtliche Regulierung. Die Europäische Union hat im Dezember 2023 den sog. AI Act (14) beschlossen. Dieser teilt die KI-Systeme in Risikoklassen (von „unannehmbar" bis „begrenzt") ein, welche Betrieb und Nutzung an verschiedene gesetzliche Anforderungen knüpfen. Trotz erheblicher Bedenken einiger EU-Mitgliedsstaaten, wird der AI Act im Frühjahr 2024 formell angenommen und zu EU-Recht werden.

Unabhängig von diesem Regelwerk gibt es genügend Vorschriften, die in Verbindung mit GPT-Anwendungen beachtet werden müssen.

Ich führe hier die Punkte an, die die häufigsten Fragen beantworten. Die Technologie schreitet aber sehr schnell voran und viele Rechtsfragen sind strittig, sodass diese Ausführungen nur eine Momentaufnahme sind (siehe auch im Abschnitt „Disclaimer").

Datensicherheit und Datenschutz

Dieser Punkt mag für das Schreiben nicht sonderlich relevant erscheinen, könnte aber für Autoren von Biografien oder beim Schreiben von Werbetexten von Belang sein.

Zur Einhaltung des Datenschutzes ist es insbesondere wichtig, keine personenbezogenen Daten von Dritten in das System einzugeben. Alle Eingaben werden funktionsgemäß an das Sys-tem übermittelt, was nach Art. 6 der Datenschutzgrundverordnung eine Rechtsgrundlage (z. B. eine Zustimmung) benötigen würde.

Zudem werden alle Eingaben genutzt, um das Modell ständig weiter zu trainieren, denn diese generativen Modelle leben von einem stetigen Datenzufluss. Mit diesen Daten „bezahlen" wir vor allem die kostenfreien Modelle.

Es ist theoretisch möglich, dass die eingegebenen Daten bei einem anderen Nutzer wieder erscheinen.

Aus diesem Grund müssen wir die von GPT erstellten Texte immer auf personenbezogene Daten überprüfen und dürfen diese, falls vorhanden, auf keinen Fall weiter verbreiten.

Info:

Beim sogenannten Jailbreaking ersinnen findige Menschen Möglichkeiten, die Sicherheits- und Inhaltsfilter der KI-Systeme zu umgehen. Dadurch können sie diese dazu bringen, private Informationen preiszugeben, bösartige Codes einzuschleusen oder Filter zu umgehen, die die Erzeugung illegaler oder anstößiger Inhalte verhindern.

Urheberrecht

Selbst wenn die Modellbetreiber von GPT-Systemen Ihnen in den Nutzungsbedingungen die Rechte an den ausgegebenen Texten überlassen, werden Sie nach deutschem Recht nicht Urheber. Gemäß §2 Absatz 2 des Urheberrechtsgesetzes sind nur persönliche geistige Schöpfungen geschützte Werke. Da der Output von Maschinen nicht darunter fällt, entsteht an den Texten kein Urheberrecht.

Die Nutzungsbedingungen zwischen dem Betreiber und Ihnen stellen eine vertragliche Regelung dar. Bitte lesen Sie diese Bedingungen sorgfältig und beachten Sie, welche Nutzungsrechte Sie tatsächlich erhalten. Diese vertragliche Regelung gilt nur zwischen Ihnen und dem Systembetreiber und hat keine Auswirkung auf Dritte.

Darum ist es umso wichtiger, dass wir die Texte zu unseren eigenen machen, indem wir unsere Persönlichkeit einbringen. Dann sind wir wieder Urheber und unsere Werke vor dem Gebrauch Anderer geschützt.

Plagiat

Eine mit dem Urheberrecht eng verwandte Frage ist die nach der unrechtmäßigen Nachahmung von Werken.

Wie unter dem Punkt „Funktion" erklärt, fügt ein Text-zu-Text-Programm die Wörter nach einer Wahrscheinlichkeit zusammen. Das heißt, GPT hat gelernt, dass die wahrscheinlichste Antwort auf die Frage *Wie viele Beine hat ein Pferd?* „vier" ist und nicht „drei" oder „neun". Durch diese Funktionsweise erzeugt GPT auf jede Eingabe einen neuen Text, indem es die von ihm erlernten Daten vermischt, neue Zusammenhänge erstellt und neu zusammensetzt. Dadurch ist die Wahrscheinlichkeit eines Plagiats gering.

Sollten Sie den Systemen nicht trauen, oder einfach nur neugierig sein, können Sie die Texte durch spezielle Tools auf Plagiate und Originalität überprüfen. Beachten Sie dabei, dass diese Programme nicht zuverlässig sind. Nicht nur, dass Texte von GPTs nicht als solche erkannt werden; es kommt auch vor, dass Texte, die nachweislich nicht mit GPT erstellt wurden, als solche angesehen werden. Selbst die Firma OpenAI hat ihr Überprüfungstool wegen seiner Unzuverlässigkeit wieder abgeschaltet.

Dadurch, dass wir die Texte nicht eins zu eins verwenden, sondern sie als Ausgangspunkt für unsere eigene Arbeit nehmen, unterliegen wir nicht der Gefahr, Plagiate zu verbreiten.

Kennzeichnungspflicht

Der vorne erwähnte AI Act der EU sieht für Inhalte, die mit generativen Modellen erstellt wurden, eine Kennzeichnungspflicht vor.

Unabhängig von der gesetzlichen Lage setzten viele Unternehmen und Lehrinstitute bereits vorher darauf und haben entsprechende Richtlinien veröffentlicht. Interessant ist für uns vor allem die von Amazon geforderte Kennzeichnung von KI-erstellten Büchern.

Amazon unterscheidet zwischen KI-generiert und KI-assistiert. Assistiert ist ein Inhalt, wenn KI-basierte Werkzeuge zum Brainstorming, zur Ideenfindung, Bearbeitung, Optimierung, Fehlerkontrolle oder anderweitigen Verbesserung des Inhalts verwendet wurden.[15] Also genau das, was wir tun, wenn wir die Texte überarbeiten und unseren eigenen Stil einbringen. Bei einem solchen Vorgehen muss der Einsatz von KI-Modellen nicht angezeigt werden.

Teil 3
Die Arbeit mit KI

Nach einer Menge Theorie, die Ihnen hoffentlich geholfen hat, Text-zu-Text-Modelle besser zu verstehen, kommen wir endlich zum unterhaltsamen Teil dieses Buches.

Ich werde alle praktischen Beispiele an ChatGPT zeigen. Es ist das am häufigsten genutzte Programm und kostenfrei zugänglich. Die Art des Promptens ist bei allen Programmen ähnlich, sodass Sie sich später für ein anderes Programm entscheiden und alles gelernte Wissen dort anwenden können.

Ich empfehle Ihnen, alle hier angeführten Beispiele direkt an Ihrem PC auszuprobieren. Für etwaige Notizen finden Sie Platz zwischen den Kapiteln.

Info:

Ein Prompt ist ein Befehl, den der Nutzer in ein GPT-Tool eingibt, um ein bestimmtes Ergebnis zu erhalten.

Eine kurze Einführung in ChatGPT

Um sich bei ChatGPT zu registrieren, geben Sie in Ihren Browser „https://chat.openai.com/auth/login“ ein und folgen Sie den Anweisungen.

Wenn Sie eingeloggt sind, sehen Sie unten in der Mitte ein Eingabefeld. Dort geben Sie die Prompts ein und starten Ihren Chat. Die Antwort erscheint im großen Feld in der Mitte.

Auf der linken Seite können Sie mit einem Klick auf „New Chat“ einen neuen starten. ChatGPT versieht jeden Chat mit einem Namen und speichert alle ab. Wenn Sie zu einem späteren Zeitpunkt weiterarbeiten wollen, klicken Sie auf diesen und die begonnene Konversation erscheint.

Wenn Sie auf eine Überschrift klicken, haben Sie unter den drei Punkten die Möglichkeit, den Chat umzubenennen, mit anderen zu teilen, zu archivieren oder auch zu löschen.

Bei der Arbeit an einem Chat finden Sie unter den Antworten kleine Symbole. Mit dem Klemmbrett können Sie die Antwort kopieren, mit dem Daumen-hoch-Button beziehungsweise dem Daumen-runter-Button bewerten Sie die Antwort und helfen so mit, das System zu verbessern. Wenn Ihnen die Antwort auf Ihre Eingabe nicht gefällt, klicken Sie auf den runden Pfeil und das System generiert auf dieselbe Anfrage eine neue Antwort. Dies können Sie wiederholen, bis Ihnen ein Ergebnis zusagt. Unter der Antwort erscheint dann eine Zahl mit jeweils einem Pfeil nach rechts und einem nach links. Damit können Sie zwischen den verschiedenen Versionen hin und her schalten.

Wenn Sie in der linken Spalte auf Ihren Benutzernamen klicken, können Sie unter „Settings" die Speicherung Ihrer Daten abschalten. Dies hat allerdings zur Folge, dass auch Ihre Chats nicht gespeichert werden. In diesem Fall müssten Sie die, die Sie behalten wollen, exportieren.

In den Settings können Sie auch persönliche Instruktionen hinterlegen, zum Beispiel in welchem Stil die Antworten sein sollen oder welche Rolle ChatGPT einnehmen soll. Allerdings berücksichtigt das System diese Einstellung für alle nachfolgenden Chats und muss abgestellt werden, wenn Sie diese Instruktionen gerade nicht brauchen.

Was ist ein Prompt

Ein Prompt ist die englische Bezeichnung für Eingabeaufforderung, das heißt, es ist der Befehl, den das Programm ausführt; z. B. die Frage *Was ist ein Oktaeder?*

Klicken Sie auf die Entertaste oder den Sendebutton, und das Programm fängt an, seine Antwort zu schreiben.

Das Prompten ist eine Kunst für sich und will gelernt sein. Denn die Qualität der Antwort hängt entscheidend von der Qualität des Prompts ab. Je genauer dieser ist, desto genauer und brauchbarer fällt die Antwort aus.

Vielleicht geht es Ihnen am Anfang genauso wie mir. Ich hatte das Gefühl, in der Zeit, in der ich versucht habe, eine brauchbare Antwort zu bekommen, hätte ich mein Buch schon geschrieben und stellte mir die Frage nach dem Sinn des Programms.

Aber es lohnt sich, die Zeit zu investieren. Denn sobald Sie wissen, wie ein guter Prompt gestaltet sein muss und Übung haben, werden Sie eine Menge Zeit sparen.

Tipp:

Bevor Sie anfangen, überlegen Sie genau, was Sie erreichen wollen und welche Art Prompt am besten dazu passt.

Allgemeines über das Prompten

Es gibt drei Haupttypen von Prompts:

Offene Anfragen

Sie sind so konzipiert, dass sie kreative, vielfältige Antworten fördern. Es gibt nicht nur ein richtiges Ergebnis, sondern sie lassen mehrere oder viele Interpretationen zu.

Beispiel: *Schreibe mir ein Gedicht über einen Hund.*

Sie erhalten eine Auswahl an Ideen, wodurch die Kreativität angeregt wird. Deshalb eignen sich diese Anfragen besonders gut fürs Brainstorming oder das Weiterführen von Ideen.

Geschlossene Anfragen

Diese sind so konzipiert, dass sie spezifische, gezielte Antworten hervorrufen. Sie haben in der Regel eine einzige oder eine begrenzte Anzahl von richtigen Antworten.

Beispiele: *Wie heißen die Bundesländer von Deutschland?* oder *Erkläre den Ablauf des Zitronensäurezyklus.*

Sie erhalten Informationen, Sachverhalte und klare Antworten. Deshalb eignen sich diese Anfragen besonders gut zu Recherchezwecken.

Gesprächsaufforderungen

Damit verwickeln Sie GPT in einen Dialog. Sie regen das Programm an, auf der Grundlage des Kontexts des Gesprächs individuelle Antworten oder Meinungen abzugeben.

Beispiele: *Wie kann ich meine Zeit besser nutzen?* oder *Was denkst du über den Klimawandel?*

Dadurch wird eine menschliche Kommunikation nachgeahmt, mit der Sie immer tiefer in Ihr Thema hineingehen können. Bei Bedarf können Sie gezielt nach Ratschlägen fragen oder sich abends unterhalten, wenn Sie alleine sind und im Fernsehen nichts Interessantes läuft.

Tipp:

Bitte und Danke: Ich verwende bei meinen Anfragen die Höflichkeitsformeln.

Nicht, weil das System das interessiert, sondern weil es eine wichtige Komponente der menschlichen Kommunikation ist, die sich durch Vernachlässigung leicht verliert.

Deshalb behalte ich mir diese Gewohnheit auch im Umgang mit GPT bei.

Einschränkungen beim Prompten

Es gibt einige Punkte beim Prompten zu beachten, damit Sie brauchbare Ergebnisse erhalten.

Korrekte Prompts

Auch wenn die Programme gut darin sind, Satzfragmente zu verstehen und richtig zu interpretieren, ist es doch von Vorteil, wenn Sie vollständige, grammatikalisch richtige und fehlerfreie Sätze eingeben.

Veraltete Trainingsdaten

Wie weiter vorne ausgeführt, endet die Eingabe der Trainingsdaten, zumindest bei Systemen, die auf ChatGPT 3.5 beruhen, im Juni 2021. Wenn Sie Fragen zu einem Geschehen nach dieser Zeit stellen, werden Sie keine richtigen Antworten oder gar keine erhalten. Eine Verbesserung dieses Punktes hat die Anbindung an das Internet gebracht, die aber nicht jedes Programm hat. Aber auch in diesem Fall ist es immer eine gute Idee, die Antworten und Quellenangaben auf ihre Richtigkeit zu überprüfen.

Wenn das System ans Limit kommt

GPT hat nur ein begrenztes Gedächtnis. Es kann sich nur einen Chat von etwa 2.500 Wörtern insgesamt (Prompts plus Antworten) merken. Wenn dieses Limit erreicht ist, vergisst das System, worum es am Anfang ging, und es wird Zeit, einen neuen Chat anzufangen. Ich mache das, indem ich die wichtigen Erkenntnisse zusammenfasse, diese als Prompt formuliere und damit einen neuen Chat starte.

Wenn Sie nicht wollen, dass GPT die bisherigen Ergebnisse in seinen weiteren Antworten berücksichtigt, oder Sie ein neues Thema anfangen, starten Sie ebenfalls einen neuen Chat.

Es kann auch passieren, dass GPT mitten in der Antwort abbricht. In diesem Fall tippen Sie *weiter* ins Eingabefeld und es wird seine Antwort fortführen.

Woraus besteht ein guter Prompt

Ein guter Prompt ist logisch aufgebaut, besteht aus mehreren Komponenten und soll auf das gewünschte Ergebnis zugeschnitten werden. Wie schon erwähnt, braucht GPT eine präzise Anweisung, damit es die gewünschte Antwort bringen kann.

Geben Sie GPT eine spezifische Rolle

Wenn Sie eine spezifische Rolle zuteilen, *Stell dir vor, du bist ein Autor* oder *Handle wie ein Marketingexperte*, geben Sie dem System eine Orientierung und lenken die Antwort in die von Ihnen gewünschte Richtung.

Geben Sie eine klare Anweisung, die die gewünschte Rolle vermittelt. *Stell dir vor, du bist Autor von historischen Romanen und recherchierst über …*

Sagen Sie deutlich, was Sie erwarten. *Erstelle eine gründliche Analyse und trage alle relevanten Fakten zusammen, wie ein Historiker das macht.*

Falls notwendig, können Sie GPT zusätzliche Informationen geben. *Du bist Journalist und berichtest über einen Korruptionsskandal im IOC, der weltweite Aufmerksamkeit erregt hat.*

Wenn Ihnen eine Antwort nicht zusagt, dann teilen Sie dies dem System mit. Seien Sie auch hier spezifisch und lassen Sie es genau wissen, was an seiner Antwort nicht richtig oder gewünscht ist. Weisen Sie es auf Ungenauigkeiten oder Missverständnisse hin und bitten Sie darum, dies zu berücksichtigen beziehungsweise zu beheben. *Die gegebene Antwort gibt die Perspektive eines Marketingexperten nicht ausreichend wieder. Kannst du dich bitte mehr auf Kundenorientierung konzentrieren.*

Manchmal vergisst das System seine zugewiesene Rolle. In diesem Fall erinnern Sie es daran. *Bitte denk daran, dass du als Journalist handelst. Gehe die Sache von einem investigativen Standpunkt aus an.*

Wiederholen Sie diesen Vorgang so lange, bis Sie mit dem Ergebnis zufrieden sind. Es handelt sich um einen Dialog, bei dem Sie so lange nachfragen können, bis es für Sie passt.

Für welche Zielgruppe soll GPT schreiben

Machen Sie sich klar, für welche Zielgruppe Ihr Text bestimmt ist. Selbst wenn Sie denselben Prompt verwenden, macht es einen gewaltigen Unterschied in der Antwort, ob Sie als Zielgruppe Kinder oder Erwachsene angeben oder Geschäftsleute oder Mütter.

Die Zielgruppe geben Sie zu Ihrem Prompt ins Eingabefeld ein. *Schreibe mir eine Mystery-Kurzgeschichte. Zielgruppe sind erwachsene Männer ab 40 Jahren.*

Das System wird seine Antwort auf die gewünschte Zielgruppe abstimmen, unabhängig davon, ob Sie ein Expertenbuch oder einen fiktionalen Text schreiben.

In welcher Tonalität soll die Antwort sein

Wir wissen alle, dass es bei jeder Art von Text nicht nur wichtig ist, was gesagt wird, sondern auch, wie es gesagt wird.

Mit der Tonalität erzeugen wir beim Leser eine bestimmte Reaktion. Sie bestimmt, wie der Leser einen Text aufnimmt und welche Emotionen bei ihm ausgelöst werden. Deshalb sollte die Tonalität zu Thema, Zweck und Zielgruppe passen, damit wir eine Beziehung zum Leser aufbauen und ihm ein besonderes Leseerlebnis verschaffen. Diesen Effekt können wir bei der Nutzung von GPT erzielen, wenn wir im Prompt die gewünschte Tonalität angeben. Dadurch generiert das Modell Antworten, die unseren individuellen Wünschen entsprechen und an Zweck und Zielgruppe angepasst sind.

Die Tonalität kann von informativ, formal, objektiv über humorvoll, sarkastisch und bis zu informell, locker, subjektiv, dramatisch reichen. Seien Sie kreativ, überlegen Sie sich, was Sie wem mit dem Text sagen wollen.

Bei einem informativen Ton würde ich zum Beispiel schreiben: *Bitte schreibe mir einen klaren, eindeutigen und übersichtlichen Text über …* oder für einen überzeugenden Text: *Schreibe mir einen Text, der den Leser von … überzeugt* oder für eine märchenhafte Geschichte: *Schreibe bitte eine Geschichte über … Sie soll sich anhören wie ein Märchen.*

In welchem Stil soll die Antwort sein

Sehr eng mit der Tonalität verwandt und teilweise mit ihr verschmolzen ist der Schreibstil. Zum Beispiel kann ein formeller Schreibstil einen ernsten Ton unterstützen oder ein humorvoller einen lockeren Ton. Er bezieht sich auf die Art und Weise, wie ein Text geschrieben ist, und hängt von der Textart, dem Autor und dem Zweck des Textes ab.

Sie können GPT anweisen, welchen Stil der gewünschte Text haben soll. Das können Sie zum einen dadurch, dass Sie den Prompt in dem gewollten Stil schreiben. GPT ist darauf trainiert, Ihren Stil zu erkennen und in gleicher Weise darauf zu antworten.

Oder Sie instruieren das System in Ihrem Prompt, in welchem Stil es antworten soll. Auch hier ist es notwendig, dass Sie Ihre Wünsche genau formulieren. *Schreibe einen akademischen Artikel über …* oder *Erkläre auf humorvolle Art …* oder *Erkläre einem 5-jährigen Kind …*

Wenn Sie einen Text in Ihrem eigenen Stil schreiben wollen, aber nicht sicher sind, was Ihren Stil ausmacht oder wie Sie ihn beschreiben sollen, dann kopieren Sie einen eigenen Text in das Eingabefeld und bitten Sie GPT, diesen Text zu analysieren. *Bitte analysiere den folgenden Text nach seinem Stil und beschreibe mir diesen so genau wie möglich. Hier ist der Text: …*

Sie können GPT auch bitten, einen Text in diesem Stil zu schreiben oder Ihren Text weiterzuführen.

Wenn Sie einen Text haben, diesen aber lieber in einem anderen Stil wollen, dann geben Sie den Text ein und bitten Sie GPT, ihn umzuschreiben. *Bitte schreibe den folgenden Text um in einen humoristischen Stil. Hier ist der Text: …*

Sie sehen, die Möglichkeiten sind vielzählig. Probieren Sie es aus! Sie werden feststellen, es macht Spaß und meistens kommt eine brauchbare Arbeitsgrundlage heraus.

In welchem Format soll die Antwort ausgegeben werden

Geben Sie an, ob und wie der Text strukturiert sein soll, zum Beispiel mit einer Aufzählung, als Tabelle oder als Liste oder ob Sie ihn mit praktischen Tipps oder Beispielen angereichert haben wollen. *Bitte schreibe einen Blogpost über … zähle mir darin vier Argumente auf, die … und unterlege jedes Argument mit einem Beispiel.*

Stellen Sie ausreichend Informationen zur Verfügung

Wenn Ihr Prompt dem System zu wenig Klarheit und Kontext bietet, wird es unklar oder vage antworten. Je eindeutiger Sie die Eingabe gestalten, desto klarer fällt auch die Antwort aus und Sie erhalten keine unerwarteten oder irreführenden Ergebnisse.

Mit der Eingabe *Schreibe bitte ein Inhaltsverzeichnis für ein Sachbuch* weiß GPT nichts anzufangen. Es sucht sich ein beliebiges Thema aus, welches wahrscheinlich nichts mit Ihrem zu tun hat.

Fragen Sie stattdessen nach einem Expertenbuch über das Thema „Eine Katze zieht ein: Was ist dabei zu beachten", dann erhalten Sie genau hierzu eine Antwort.

Geben Sie GPT ausreichend Informationen, damit es die beabsichtigte Bedeutung versteht und es nicht zu Fehlinterpretationen kommt – Hintergrundinformationen sichern genaue, korrekte und fundierte Antworten.

Checkliste

Zuweisung einer Rolle

Angabe der Zielgruppe

Tonalität des Textes

Schreibstil und ggfls.
Struktur und Format

Ausreichend
Hintergrundinformationen

Wir haben nun fünf Punkte erarbeitet, die einen guten Prompt ausmachen.

Jetzt setzen wir alles zusammen, damit Sie eine Vorstellung bekommen, wie das Ergebnis aussehen kann.

Rolle: Kinderbuchautor

Aufgabe: Erstelle einen Plot

Zielgruppe: Mädchen zwischen acht und zehn Jahren, die Pferde lieben

Tonalität: humoristisch, ermutigend

Stil: Schreibe in der 3. Person, Hauptaugenmerk liegt auf der Charakterentwicklung von Nicole und Helene

Hintergrundinformationen: Die Protagonistin ist die 12-jährige Helene, die endlich reiten lernen darf. Im Reitstall trifft sie nicht nur auf eine Clique von älteren Mädchen, von denen sie gehänselt wird, sondern auch auf das Schulpferd Rebell, mit dem sie in Gedanken reden kann. Aber die Anführerin der Clique, Nicole, will Helene von Rebell fernhalten, weil sie eifersüchtig ist. Als dem Reitstall der Verkauf droht, müssen sich die Mädchen zusammenraufen, um den Stall und die Pferde zu retten.

Prompt:

Stell dir bitte vor, du bist Kinderbuchautor und schreibst einen Plot für ein Buch für 8- bis 10-jährige Mädchen, die Pferde lieben. Das Buch handelt von der 12-jährigen Helene, die endlich reiten lernen darf. Im Reitstall trifft sie nicht nur auf eine Clique älterer Mädchen, von denen sie gehänselt wird, sondern auch auf das Schulpferd Rebell, mit dem sie in Gedanken reden kann. Aber die Anführerin der Clique, Nicole, will Helene von Rebell fernhalten, weil sie eifersüchtig ist. Als dem Reitstall der Verkauf droht, müssen sich die Mädchen zusammenraufen, um den Stall und die Pferde zu retten.

Das Buch soll aufmunternd und humorvoll geschrieben sein. Schreibe in der 3. Person, der Fokus soll auf die Charakterentwicklung von Helene und Nicole gerichtet sein.

Das ist das Ergebnis von ChatGPT:

Helene konnte es kaum fassen: Endlich hatte sie die Erlaubnis ihrer Eltern bekommen, reiten zu lernen. Mit klopfendem Herzen betrat die 12-jährige das kleine Reitstall am Rand der Stadt. Doch schon bald sollte sich herausstellen, dass der Weg zum Glück nicht so einfach war, wie sie es sich vorgestellt hatte.

Im Reitstall traf Helene auf eine Clique älterer Mädchen, angeführt von der selbstbewussten Nicole. Von Anfang an wurde Helene das Ziel ihrer Hänseleien. Nicole konnte es nicht ertragen, dass eine Neue ihre Aufmerksamkeit auf sich zog. Besonders nervte sie, dass Helene eine besondere Verbindung zu dem Schulpferd Rebell zu haben schien.

Rebell war nicht nur ein talentiertes Pferd, sondern auch ein magischer Begleiter für Helene. Im Stillen konnte sie mit ihm reden, und er gab ihr Mut, den Herausforderungen im Reitstall zu begegnen. Doch Nicole versuchte mit allen Mitteln, Helene von Rebell fernzuhalten, um ihre eigene Position als beste Reiterin im Stall zu verteidigen.

Trotz aller Schwierigkeiten entwickelte Helene eine bewundernswerte Entschlossenheit. Sie ließ sich nicht von den fiesen Kommentaren unterkriegen und arbeitete hart an ihren Reitkünsten. Gleichzeitig spürte sie, dass auch Nicole hinter ihrer taffen Fassade Unsicherheiten verbarg. Der Schlüssel zur Lösung schien darin zu liegen, die Eifersucht in eine gemeinsame Leidenschaft zu verwandeln.

Eines Tages erfuhren die Mädchen, dass dem Reitstall der Verkauf drohte. Plötzlich rückten ihre persönlichen Differenzen in den Hintergrund.

Gemeinsam mit Rebell schmiedeten sie einen Plan, um den Stall zu retten. Die Mädchen mussten lernen, zusammenzuarbeiten und sich auf ihre Stärken zu verlassen.

Inmitten von humorvollen Missverständnissen und lustigen Situationen fanden Helene und Nicole langsam einen Weg zueinander. Die Rettung des Reitstalls schweißte die Mädchen zusammen, und sie erkannten, dass Freundschaft und Teamarbeit stärker waren als jede Eifersucht.

Am Ende siegte nicht nur die Gemeinschaft der Mädchen, sondern auch die Freundschaft zwischen Helene und Nicole. Der Reitstall blieb erhalten, und die Pferde konnten weiterhin über die grünen Wiesen galoppieren. Helene hatte nicht nur das Reiten gelernt, sondern auch die wertvolle Lektion, dass wahre Stärke in der Zusammenarbeit liegt.

Das ist noch nicht nobelpreisverdächtig, aber eine Idee, auf der ich einen Kinderroman aufbauen könnte.

Ich habe diesen Text unverändert aus ChatGPT herauskopiert. Vielleicht ist Ihnen aufgefallen, dass in der dritten Zeile zwei Fehler sind.

Hier noch ein Beispiel für einen nicht-fiktionalen Text.

Rolle: Buchcoach

Zielgruppe: Autoren, die ihren ersten Roman schreiben wollen

Tonalität: ermutigend, informativ

Stil: anleitend

Hintergrundinformationen: Du bist Buchcoach und unterrichtest Autoren darin, wie sie erfolgreiche Bücher schreiben können. Du schreibst einen Blogpost, in dem du erklärst, aus welchen Bestandteilen ein guter Roman besteht.

Mache eine Aufzählung und belege jeden Punkt mit einem Beispiel.

Prompt:

Als Buchcoach für Autoren schreibst du einen Blogpost, in dem du Anfängerautoren erklärst, welche Bestandteile ein guter Roman braucht. Der Blogpost soll informativ sein und die angehenden Autoren ermutigen, ihr Projekt umzusetzen. Er soll eine Anleitung sein und eine Aufzählung der wichtigen Bestandteile eines Romans enthalten. Bitte gib zu jedem Aufzählungspunkt ein Beispiel.

Hier das Ergebnis von ChatGPT:

Titel: Auf dem Weg zum Meisterwerk: Die Bausteine eines gelungenen Romans

Herzlich willkommen, angehende Autoren! Das Schreiben eines Romans kann eine faszinierende, aber auch herausfordernde Reise sein. Damit du nicht im Dunkeln tappt, möchte ich dir heute die wichtigsten Bestandteile eines erfolgreichen Romans vorstellen. Diese Bausteine helfen dir nicht nur dabei, eine solide Grundlage zu schaffen, sondern auch, deiner Kreativität freien Lauf zu lassen.

*1. **Fesselnder Anfang (Hook):***

Ein starker Einstieg ist entscheidend, um die Aufmerksamkeit der Leser zu gewinnen. Beispiele:

- „Der Mann in der Regenpfütze“ von J.K. Rowling (Harry Potter): Mit der rätselhaften Erscheinung von Professor Dumbledore beginnt eine magische Reise.

*2. **Glaubwürdige Charaktere:***

Deine Figuren sollten lebendig und authentisch wirken, damit sich die Leser mit ihnen identifizieren können.

- In Khaled Hosseinis „Drachenläufer" sind Amir und Hassan so facettenreich, dass ihre Freundschaft den Leser emotional berührt.

*3. **Spannungsbogen (Plot):***

Baue Spannung auf, indem du einen fesselnden Handlungsverlauf entwickelst.

- Beispielhaft zeigt Agatha Christies „Mord im Orientexpress" einen komplexen Plot, der die Leser bis zur letzten Seite in Atem hält.

*4. **Setting und Atmosphäre:***

Erschaffe eine lebendige Welt, in der sich deine Geschichte entfaltet.

- Gabriel García Márquez' „Hundert Jahre Einsamkeit" entführt den Leser in das magische Realismus-Dorf Macondo.

*5. **Dialoge, die sprudeln:***

Lebendige Gespräche verleihen deinem Roman Dynamik und Tiefe.

- In „Der Fänger im Roggen" von J.D. Salinger spiegeln die Dialoge des Protagonisten Holdens Jugend und Verwirrung wider.

*6. **Konflikte und Herausforderungen:***

Ohne Konflikte gibt es keine Entwicklung. Stelle sicher, dass deine Charaktere vor Herausforderungen stehen.

- George Orwells „1984" wirft Winston Smith in einen existenziellen Konflikt mit der totalitären Weltordnung.

*7. **Höhepunkte und Wendepunkte:***

Baue Höhepunkte ein, die den Leser überraschen oder mitfiebern lassen.

-J.R.R. Tolkiens „Der Herr der Ringe" ist reich an Wendepunkten, wie der Zerstörung des Einen Rings.

*8. **Gelungener Schluss (Resolution):***

Fasse die Handlung zufriedenstellend zusammen und lasse Raum für Interpretation.

- Harper Lees „Wer die Nachtigall stört" endet mit einer eindrucksvollen Botschaft über Empathie und Gerechtigkeit.

*9. **Stilvolle Sprache:***

Dein Schreibstil sollte zu deiner Geschichte passen und den Leser in den Bann ziehen.

- In „Die Bücherdiebin" von Markus Zusak beeindruckt der poetische Stil, der die Grausamkeiten des Zweiten Weltkriegs durch die Augen des Todes erzählt.

*10. **Authentizität und Eigenständigkeit:***

Sei mutig und einzigartig. Lass deine Stimme als Autor durchscheinen.

- Mit „Die unerträgliche Leichtigkeit des Seins" schuf Milan Kundera ein Werk, das philosophische Tiefe mit einer fesselnden Liebesgeschichte verbindet.

Erinnere dich daran, dass jeder Autor seinen eigenen Weg geht. Lass dich von diesen Bausteinen inspirieren, aber sei bereit, deine eigene Kreativität zu entfalten. Jeder Meisterroman beginnt mit dem ersten Schritt. Viel Erfolg auf deiner Reise zum Schriftsteller!

Der Artikel ist als Grundlage für einen Blogpost durchaus geeignet, wie ich finde. Allerdings enthält auch er einige Fehler.

Fazit

Jetzt haben Sie alles Grundlagenwissen für das richtige Prompting. Verinnerlichen Sie es und passen Sie es an Ihre Bedürfnisse an.

Es wird sicher Anwendungsfälle geben, bei denen der eine oder andere Bestandteil des Prompts wegfällt. Wenn ich mithilfe von GPT eine Idee entwickle, mache ich mir nicht die Mühe, einen bestimmten Ton oder Stil zu bestimmen. Manchmal kenne ich meine Zielgruppe auch noch nicht oder ich will mich nicht einschränken lassen. Dann lasse ich die entsprechenden Teile des Prompts weg.

Je mehr Erfahrung und Übung Sie haben, desto eher werden Sie eigene Wege gehen. Wenn Sie eine Methode finden, die Ihnen besser erscheint als die von mir vorgeschlagene, dann lassen Sie es mich bitte wissen.

Praktische Anwendungen

Im letzten Kapitel haben Sie alles gelernt, was für ein gutes Prompting notwendig ist. Mit diesen Prompts oder für Sie passenden Abwandlungen sind Sie für alle Anfragen gerüstet. In diesem Kapitel möchte ich Ihnen einige konkrete Anwendungsbeispiele für Ihren Schreiballtag zeigen.

Ich habe diesen Teil nach der von mir als sinnvoll erachteten Reihenfolge strukturiert. Fühlen Sie sich frei, den Abschnitt herauszupicken, der für Sie derzeit relevant ist.

Die Ergebnisse von GPT habe ich hier nicht aufgeführt. Zum einen erhalten Sie andere Ergebnisse, wenn Sie diese Prompts eingeben, zum anderen möchte ich Sie ermuntern, mit Ihren eigenen Prompts zu üben. Sie wollen ja nicht meine Geschichten schreiben, sondern Ihre eigenen.

Tipp:

Der Prompt-Zusatz *Atme vor jedem Prompt tief durch und arbeite die Aufgabe Schritt für Schritt ab* soll die Ergebnisse deutlich verbessern.

Ideenfindung

Wir kennen es alle – wir wollen einen Text schreiben und wissen nicht worüber. Vielleicht haben wir ein Thema, eine vage Idee oder die Vorstellung einer Figur. GPT kann uns dabei helfen, Ideen zu entwickeln, sei es für Kurzgeschichten, Romane, Blogartikel, Expertenbücher oder jeden anderen Text.

Fiktionale Texte

Ich möchte beispielsweise eine Geschichte für eine Anthologie schreiben. Das Thema ist „Briefe". Das und eine maximale Zeichenangabe sind die einzigen Vorgaben.

Da mir bisher nichts eingefallen ist und die Abgabefrist näher rückt, frage ich GPT. Aber welche Informationen muss der Prompt beinhalten, damit ich brauchbare Vorschläge bekomme?

Erinnern Sie sich an das, was wir bereits erarbeitet haben: Je klarer die Anweisung und je detaillierter der Prompt ist, desto brauchbarer ist das Ergebnis.

Natürlich können Sie sich auch ohne Details inspirieren und nur Vorschläge für eine Kurzgeschichte zu einem bestimmten Thema auswerfen lassen. In diesem Fall dauert es vielleicht länger, bis eine Idee zündet, dafür hat es den Vorteil, dass GPT weniger eingeschränkt ist.

a. Was soll GPT tun:

Sagen Sie deutlich, was Sie erwarten: *Bitte hilf mir, Ideen für eine Kurzgeschichte zu entwickeln.*

Bei Bedarf können Sie es auch noch weiter ausführen: *Die Ideen sollen die Charaktere, das Thema und mögliche Plotpoints beinhalten* (oder was immer Sie wollen).

b. Definieren Sie die gewünschten Kriterien:

Je mehr Informationen Sie bereits haben, wie Genre, Stil, worum es gehen soll etc., desto detaillierter wird das Ergebnis ausfallen. *Die Geschichte soll von einem Brief handeln, der besser nie geschrieben worden wäre. Sie soll zum Nachdenken anregen, aber auch zum Schmunzeln. Genre ist Romantasy. Zielgruppe sind junge Erwachsene.*

Wie soll das Ergebnis aussehen:

Wollen Sie eine Liste, eine Tabelle oder eine Aufzählung mit Bulletpoints? GPT wird Ihnen das geben, was Sie anfragen. *Bitte erstelle eine Liste mit 10 Ideen mit den handelnden Figuren und möglichen Wendepunkten.*

c. Setzen Sie alles zusammen und fertig ist der Prompt.

Wenn Sie das Ergebnis erhalten haben, sagen Sie dem Modell, was Sie als Nächstes machen wollen. Möglichkeiten wären:

- Wenn Ihnen keine der Ideen gefällt, tippen Sie ins Eingabefeld: *Bitte 10 weitere Vorschläge.*
- Wenn Sie sich doch für ein anderes Genre entschieden haben, tippen Sie: *Bitte gib mir 10 weitere Ideen, diesmal im Genre Abenteuerroman.*
- Oder Ihnen gefällt die Darstellung nicht, dann fordern Sie eine andere an: *Bitte mache mir daraus eine Tabelle für bessere Lesbarkeit und verwende Emojis.*
- Ideal wäre es natürlich, wenn Ihnen eine Idee zusagt, die Sie jetzt weiter ausbauen wollen: *Mir gefällt Idee 4 gut. Nimm diese bitte als Grundlage und erstelle ein Handlungsgerüst nach der Heldenreise.* Das funktioniert natürlich auch für mehrere Ideen oder jede andere Plotstruktur.

- Wenn Ihnen die Kombination von zwei Ideen gefällt, bitten Sie darum, diese miteinander zu verknüpfen und daraus eine Geschichte zu machen. *Mir gefällt eine Kombination von Idee 3 und 8. Bitte verknüpfe diese miteinander und entwirf ein Handlungsgerüst nach dem 3-Akt-Modell.*

Wenn ich mich für eine Idee entschieden habe, kopiere ich diese heraus und fange damit einen neuen Chat an. So bin ich sicher, dass GPT sich darauf konzentriert und die anderen Ideen nicht in seine Überlegungen einbezieht.

Platz für Ihre Notizen

Nicht-fiktionale Texte

Für Expertenbücher und sonstige Sachtexte funktioniert die Ideenfindung in gleicher Weise. Hier komme ich noch einmal auf das Beispiel des Katzenbuches zurück.

a. *Was soll GPT tun:*

Ich bin Expertin für Katzenverhalten und brauche Hilfe bei einem Ratgeber für angehende Katzenbesitzer.

b. *Definieren Sie die gewünschten Kriterien:*

Welche Themen könnten interessant sein. Ich brauche Anregungen, welche Informationen diese Zielgruppe benötigt.

c. *Wie soll das Ergebnis aussehen:*

Bitte erstelle mir eine Tabelle mit den möglichen Themen und Informationen.

Und schon haben Sie die Themen, die Sie nun bearbeiten können oder bei denen Sie einzelne Punkte herauspicken und weiter fragen. Hier einige Beispiele für tiefergehende Anfragen:

- *Bitte erstelle mir aus dieser Tabelle eine Gliederung für das Buch.*
- *Inwiefern ist die positive Auswirkung auf die Gesundheit interessant für angehende Katzenbesitzer.*
- *Kannst du mir bitte ein Beispiel oder eine Fallstudie über die Bedeutung von tierischer Gesellschaft im Alltag nennen.*
- *Mir fehlt in der Gliederung das Thema der Mehrkatzenhaltung. Bitte füge diesen Punkt sinnvoll in die Gliederung ein.*

Auch hier gibt es viele Möglichkeiten, je nachdem, wie das Ergebnis aussieht und Ihre Ansprüche sind. Wenn GPT nicht das tut, was Sie angefragt haben, fragen Sie nochmal. Eine für mich gute Vorgehensweise ist auch, mir erst Titelvorschläge für eine Idee ausgeben zu lassen (siehe im Abschnitt „Titelfindung“) und dann einen Handlungsbogen oder Charakterbogen beziehungsweise bei Sachbüchern eine Gliederung erstellen zu lassen. Wenn Sie mehrere Versionen anfordern, haben Sie eine gute Grundlage für Ihre Kreativität.

Wenn Sie im Laufe des Chats eigene Ideen kreieren, bringen Sie diese in Ihre Prompts ein. Je mehr Sie davon haben, desto individueller wird Ihr Werk. Bei mir war es im obigen Beispiel der Punkt zur Mehrkatzenhaltung, den GPT nicht in der Gliederung berücksichtigt hatte, der für mich unbedingt in so ein Buch hineingehören würde.

Tipp:

Fügen Sie bei Bedarf folgenden Prompt-Zusatz an: *Bitte verwende dieselbe Sprache wie in dem vorgegebenen Text.*

Platz für Ihre Notizen

Schreibblockaden

Die Schreibblockade – das Schreckgespenst der Autorenschaft – gehört mit GPT der Vergangenheit an. Die Vorgehensweise ist sehr ähnlich wie bei der Ideenfindung, deshalb halte ich mich kurz. Ich verwende hier nochmal das Beispiel der Kurzgeschichte zum Thema „Briefe".

a. Sagen Sie GPT, wie es Ihnen geht und was Sie benötigen:

Ich habe eine Schreibblockade und brauche Unterstützung dabei, meiner Kreativität wieder auf die Sprünge zu helfen.

b. Geben Sie Kontext:

Ich möchte eine Kurzgeschichte über einen Brief schreiben, der niemals abgeschickt würde. Protagonistin ist die 20-jährige Sabine, die diesen Brief in einer alten Schachtel auf dem Dachboden findet.

c. Beschreiben Sie, was Ihr Problem ist:

Ich weiß nicht, was in diesem Brief stehen soll und wie sich das auf Sabine auswirkt.

Sagen Sie, was Sie brauchen:

Bitte gib mir 5 Ideen, was in dem Brief steht und welche Auswirkungen dieser Inhalt auf Sabine hat.

Wenn Ihnen eine Idee zusagt, spinnen Sie sie weiter. Wenn Sie im Schreiben sind und nicht wissen, wie es weiter geht, geben Sie Ihre letzten Zeilen oder Absätze in GPT ein mit der Bitte, den Text weiterzuschreiben. Mir hilft das ungemein, meine eigene Kreativität wieder anzukurbeln – und die Blockade ist Geschichte.

Platz für Ihre Notizen

Recherche

Die Recherche gehört zu unserem täglichen Brot. Egal, ob wir Sachtexte oder Literatur schreiben, es ist wichtig, richtige Informationen zu verarbeiten, um das Vertrauen der Leser zu gewinnen.

Ich verwende für Recherche gerne den Copilot oder perplexity.ai. Beides sind Internetsuchmaschinen und liefern daher aktuelle Informationen. Zudem werfen beide Tools die herangezogenen Quellen aus. Bitte denken Sie trotzdem daran, diese zu überprüfen.

a. *Was soll GPT tun:*

Bitte unterstütze mich bei der Recherche zum Thema Hoftänze am Beispiel des französischen Hofes unter Ludwig XIV.

b. *Welche Informationen benötigen Sie:*

Ich brauche Informationen darüber, welche Tänze es gegeben hat, wie viele Tänzer für den jeweiligen Tanz nötig waren und welche Musik dazu gespielt wurde.

c. *Welche Art von Text schreiben Sie:*

Ich schreibe einen historischen Roman, der am Hofe des Sonnenkönigs spielt.

d. *Fragen Sie nach den Quellen:*

Bitte nenne die Quellen oder Referenzen für die bereitgestellten Informationen.

Wenn Ihnen das Ergebnis nicht ausreicht oder zu unklar ist, fragen Sie nach einer näheren Ausführung, Erklärung oder einer anderen Formatierung oder was immer Sie benötigen.

Platz für Ihre Notizen

Figurenentwicklung

Die Figuren, insbesondere die Hauptfigur, sind der tragende Teil einer Geschichte. Im besten Fall fiebert der Leser mit ihnen mit, hofft und bangt, dass sie ihre Ziele erreichen. Aber herausragende und vielschichtige Figuren zu entwerfen, die im Gedächtnis bleiben, ist für viele Autoren nicht einfach. Auch hier greift uns GPT unter die Arme. Ich nutze hier das Beispiel meines Fantasyromans.

a. *Um welche Figur handelt es sich:*

Bitte hilf mir bei der Entwicklung meiner Protagonistin.

b. *In welchem Genre und welchem Setting soll die Figur agieren:*

Die Geschichte spielt in einer Fantasy-Welt, aus der alles Schlechte, Unangenehme, Dunkle mittels Magie verbannt wurde.

c. *Optional – welche Eigenschaften soll die Figur haben:*

Die Protagonistin ist eine Prinzessin, der nach dem Tod ihres Vaters die Ernennung zur Königin versagt wird. Sie ist sehr egozentrisch und will unbedingt Königin werden, weil es ihr angeborenes Recht ist. Sie ist eine mächtige Magierin.

d. *Was soll GPT tun:*

Bitte erstelle mir ein Charakterprofil einschließlich des Entwicklungsbogens. Dieses soll neben der Motivation auch Hintergrundgeschichte und Aussehen beinhalten.

Suchen Sie sich aus dem Ergebnis die Punkte aus, die Ihnen gefallen, und bitten Sie GPT, diese auszubauen.

Falls Sie noch keine Idee für einen Antagonisten oder Verbündete haben, fragen Sie, wer das sein könnte, wie sie im Verhältnis zum Protagonisten stehen und welche Ziele sie verfolgen.

Wer könnte der Antagonist sein? Ich stelle mir dabei ein männliches Wesen vor, das mindestens genauso mächtig ist wie Elara (so hat GPT die Prinzessin genannt). *Bitte erstelle für ihn einen Charakterbogen einschließlich Motivation, Hintergrundgeschichte, Entwicklung und Aussehen.*

Sie können auch in Richtung Weltenbau oder Plotentwicklung weiterfragen. *Beschreibe bitte einige der Kulturen, Gesellschaften* oder *Orte, denen Elara auf ihrer Reise begegnen könnte.* oder *Welche Hindernisse könnten der Protagonistin im Wege stehen?*

Gut funktioniert auch, einen bestehenden Charakter mehrschichtiger zu machen. *Bitte vertiefe den Charakter. Welche Schwächen und Stärken können ihm auf seinem Weg helfen oder im Weg stehen?* oder *Bitte erweitere den Charakterbogen um soziale und kulturelle Ansichten der Figur.*

Bitte denken Sie daran, dass GPT alle bisherigen Fragen und Antworten eines Chats berücksichtigt. Wenn Sie sichergehen wollen, dass das Modell sich nur noch auf die von Ihnen gewünschte Auswahl bezieht, starten Sie einen neuen Chat.

Funfact:

ChatGPT scheint den Namen Elara zu lieben. Bei jeder meiner Anfragen im Zusammenhang mit einem weiblichen Fantasywesen hat es diesen Namen gewählt.

Plotentwicklung

Um die Leser zu fesseln, braucht es neben interessanten, vielschichtigen Figuren auch einen spannenden und vielleicht ungewöhnlichen Plot. GPT kann uns helfen, diesen zu entwickeln, inklusive Handlungsbögen, Nebenhandlungen und Wendungen.

Wenn Sie noch gar keine Idee haben, welche Geschichte Sie schreiben wollen, fangen Sie bei der Ideenentwicklung an und arbeiten Sie sich vor. Hier gehe ich von dem Fall aus, dass bereits eine Grundidee vorhanden ist, und komme wieder auf den Kinderroman mit dem sprechenden Pferd zurück.

a. Was soll GPT tun:

Ich brauche bitte Hilfe bei der Entwicklung eines Plots für meine Geschichte.

b. Geben Sie, soweit vorhanden, Kontext, wie Genre, Setting, Hauptcharaktere, Grundidee, Konflikt und welche Stimmung die Geschichte haben soll, an:

Die Geschichte spielt in einer kleinen Stadt in Deutschland. Protagonistin ist die 12-jährige Helene, die endlich reiten lernen darf. In der Reitschule lernt sie das Schulpferd Rebell kennen, mit dem sie in Gedanken reden kann. Antagonistin ist die 14-jährige Nicole, die beste Reiterin im Stall, die auf die enge Beziehung zwischen Helene und Rebell eifersüchtig ist. Als der Reitstall in finanzielle Schwierigkeiten kommt, soll er verkauft werden. Die Mädchen müssen sich zusammenraufen, damit sie ihn und die Pferde gemeinsam retten können. Es soll eine inspirierende Geschichte für Kinder ab 10 Jahren werden, die sich um die Themen Freundschaft und Zusammenhalt dreht.

c. Welche Anforderungen stellen Sie an die Antwort:

Sagen Sie GPT, was Sie mit dieser Frage bezwecken. Geht es um die Einführung einer Nebenhandlung oder einer weiteren Figur? Wollen Sie den Höhepunkt der Geschichte entwickeln oder einen Plot nach der Heldenreise aufbauen?

Bitte entwickle einen Plot nach der Heldenreise von Christopher Vogler. Oder: *Ich möchte für Helene einen Sidekick einführen. Wer kann das sein und was ist seine Aufgabe in der Geschichte.* Oder: *Nicole soll ein love interest bekommen. Wer kann das sein und wie wirkt sich das auf ihre Entwicklung aus?*

d. Fragen Sie bei Bedarf nach mehreren Vorschlägen:

Bitte mach mir zwei verschiedene Versionen.

Wenn Sie ein Grundgerüst haben, können Sie dieses verfeinern.

Bitte erstelle mir aus den bisher erarbeiteten Punkten eine Gliederung der Geschichte in 20 Kapiteln. Oder fragen Sie nach weiteren sinnvollen Figuren oder Nebenhandlungen oder wie sich die Konflikte entwickeln.

Bringen Sie die Ideen ein, die während des Prozesses in Ihrem Kopf entstehen. So bekommen Sie am Ende ein Handlungsgerüst, das Ihre Geschichte erzählt. Zum Beispiel stelle ich mir bei meinem Fantasyroman vor, dass die Hauptbewohner des Reichs aus Kristallen bestehen und sich regelmäßig in speziellen Grotten aufladen müssen. Das spielt nicht nur für die Figurenentwicklung eine Rolle, sondern auch für Plot und Weltenbau.

Wenn Sie die Bezahlversion von ChatGPT nutzen, können Sie auch Dokumente hochladen, zum Beispiel Ihren vorhandenen Plot als PDF-Datei, und mit dem Programm über dieses Dokument chatten. Sie könnten fragen, ob der Handlungsablauf oder die Figuren schlüssig sind oder ob es Verbesserungsvorschläge hat.

Wenn ich das tue, schalte ich die Verwendung meiner Daten zu Trainingszwecken ab (siehe im Abschnitt „Eine kurze Einführung in ChatGPT").

Tipp:

GPT bringt bessere Ergebnisse, wenn Sie ein Trinkgeld in Aussicht stellen oder eine Strafe androhen.

Platz für Ihre Notizen

Sachbuchgliederung

Ebenso wie einen Plot können Sie eine Gliederung für Ihr Sachbuch erarbeiten. Auch wenn Sie noch gar keine Idee haben, was Ihr Buch beinhalten soll, erhalten Sie mit Hilfe von GPT sehr schnell eine Vorstellung, welche Themen Sie abdecken können. Hier komme ich wieder auf mein Katzenbuch zurück.

a. Was soll GPT tun:

Ich bin Expertin für Katzenverhalten und schreibe einen Ratgeber für angehende Katzenbesitzer. Bitte unterstütze mich bei der Gliederung meines Ratgebers „Eine Katze zieht ein".

b. Was soll die Gliederung enthalten:

Bitte beziehe alle Themen mit ein, die für die Zielgruppe interessant sein können. Es soll zu jedem Gliederungspunkt ein Beispiel geben.

c. Wenn Sie eine besondere Vorstellung haben, führen Sie diese an:

Die Gliederung soll auf jeden Fall die Themen „Kind und Katze" und „Mehrkatzenhaushalt" enthalten.

Auch hier gilt: Je mehr Hintergrundwissen Sie eingeben, desto eher wird die Gliederung Ihren Vorstellungen entsprechen. Wenn Sie selbst noch nicht wissen, welche Themen Sie aufnehmen wollen, beginnen Sie mit einem allgemeineren Prompt und erarbeiten den genauen Inhalt Schritt für Schritt.

Beispielsweise könnten Sie mit der Frage anfangen: *Welche Themen könnten für die Leser interessant sein?*

Weltenbau

Eine logische, faszinierende Welt zu erschaffen, mit allem, was dazugehört, ist für mich eine der schwierigsten Aufgaben. Vor allem bei Fantasy-Geschichten mangelt es mir an Ideen, wie diese Welt politisch, kulturell und geografisch aufgebaut ist. Denn am Ende muss sie schlüssig sein und der Geschichte dienen, damit der Leser tief eintauchen und die Figuren in dieser Welt erleben kann.

a. Was soll GPT tun:

Bitte hilf mir beim Weltenbau für meine Story hinsichtlich geografischer, politischer, sozialer und kultureller Gegebenheiten.

b. Welchen Kontext hat die Geschichte:

Meine Fantasy-Geschichte spielt in einem Reich, in dem alles Dunkle, Schlechte oder Unangenehme mittels Magie verbannt wurde. Es gibt verschiedene Völker, die friedlich zusammenleben, das herrschende Volk sind die Elfen.

c. Spezifizieren Sie, welche Aspekte der Welt Sie entwickeln wollen:

Bitte erstelle drei verschiedene Versionen einer Welt hinsichtlich der Geografie, der Gesellschaften, Kulturen, magischer Systeme und politischer Strukturen.

Mir gefällt bei meinem Ergebnis die 3. Version sehr gut. Jetzt kann ich hier zum Beispiel nachfragen, wie das magische System aufgebaut ist: *Welche Wesen profitieren besonders von der Magie?*

Oder: *Verfügen alle Wesen über magische Fähigkeiten oder ist Magie einer bestimmten Bevölkerungsgruppe vorbehalten?*

Sie können hier jedes Detail Ihrer Welt erarbeiten. Das gilt natürlich nicht nur für fantastische Welten, sondern auch, wenn Sie einen realistischen Roman schreiben.

Tipp:

Trennen Sie Anweisungen, Beispiele, Fragen, Kontext und Eingabedaten jeweils mit einem Zeilenumbruch.

Schreiben

Endlich ist es so weit. Wir haben unser Projekt geplant, sitzen vor dem Bildschirm, um unsere Figuren zum Leben zu erwecken und – es passiert nichts. Wir wissen nicht, wo wir anfangen sollen; die passenden Worte wollen uns nicht einfallen.

Bevor Sie den Mut verlieren und das Projekt in den Tiefen Ihres Rechners versenken, bitten Sie GPT um Hilfe. Ich benutze hier wieder das Beispiel des Fantasyromans.

a. *Was soll GPT tun:*

Bitte hilf mir, eine Szene zu schreiben.

b. *Kontext zur Verfügung stellen:*

Geben Sie an, wo die Szene spielt und aus wessen Perspektive sie geschrieben sein soll. Welche Figuren kommen darin vor, in welcher Stimmung sind sie und wie sind ihre Beziehungen zueinander? Was ist der Konflikt und wie soll das Ende aussehen? Stellen Sie GPT alle wesentlichen Informationen zur Verfügung, optional können Sie auch die gewünschte Länge angeben.

Die Szene findet zwischen Elara und Lord Malgrim (dem Antagonisten) *statt. Elara ist empört über sein Verhalten und will ihn zur Rede stellen. Lord Malgrim will sie abwiegeln. Die Szene soll aus Elaras Sicht erzählt werden.*

c. *Was soll mit der Szene erreicht werden:*

Welchen Zweck hat diese Szene im Buch? Soll eine wichtige Information enthüllt, ein bestimmter Charakterzug einer Figur dargestellt oder eine falsche Fährte gelegt werden?

Sinn dieser Szene ist es, einen ersten Anhaltspunkt dafür zu geben, dass Lord Malgrim dasselbe Ziel hat wie Elara, es aber auf eine andere Weise erreichen will.

d. Optional – welche Tonalität soll diese Szene haben:

Bitte schreibe diese Szene in einem aggressiven Ton.

Von diesem Ergebnis ausgehend können Sie weiterfragen, zum Beispiel wie die nächste Szene sinnvoll angeschlossen werden und wie sie genau aussehen kann. Auf dieselbe Weise können Sie sich auch Dialoge, Buchanfänge und Beschreibungen etc. vorschlagen lassen.

Ich liebe es nachzufragen, warum GPT die Szene so geschrieben hat. *Kannst du bitte die Gründe erläutern, wieso du diese Szene so gestaltet hast?* Dadurch erfahre ich oft Hintergründe der Geschichte oder Motive der Figuren, die ich so noch nicht bedacht hatte und die mir in der Geschichte helfen können oder ihr sogar einen neuen Dreh verleihen.

Platz für Ihre Notizen

Storytelling

Geschichten zu erzählen ist nicht nur in Romanen wichtig. In der Lernpsychologie ist es schon lange bekannt, dass es effektiver ist, Fakten so in Geschichten einzubauen, dass sie Emotionen auslösen. Daher ist es in Sachbüchern jeder Art wichtig, bei den Lesern Gefühle entstehen zu lassen. Nur dann lesen sie das Buch gerne und der Inhalt bleibt im Kopf. Zur Veranschaulichung greife ich auf das Katzenbuch zurück.

a. Was soll GPT tun:

Bitte hilf mir dabei, in mein Sachbuch für angehende Katzenbesitzer Storytelling einzubauen.

b. Kontext hinzufügen:

Ich möchte den Gliederungspunkt „Katzensprache verstehen" mit einer kurzen Geschichte veranschaulichen.

c. Wie viele Beispiele wollen Sie:

Bitte gib mir drei Beispiele, die dies erreichen.

Wenn Sie sich ein Beispiel aus dem Ergebnis ausgesucht haben, können Sie GPT bitten, eine kurze Geschichte dazu zu schreiben. *Bitte schreibe eine kurze Szene zu Punkt 1. Sie soll max. 100 Wörter haben.* Hier können Sie wieder eine bestimmte Tonalität angeben. *Die Szene soll anrührend geschrieben sein.*

So erhalten Sie eine gute Grundlage, auf der Sie Storytelling aufbauen können, ohne dass Sie sich mühsam Beispiele überlegen oder suchen müssen. Bedenken Sie, dass GPT diese Geschichten erfindet.

Überarbeiten

Die Rohfassung ist fertig, auf der letzten Seite haben Sie „Ende" unter den Text geschrieben. Jetzt seien Sie erst einmal stolz auf sich. Auch mit Hilfe von GPT ist es harte Arbeit, ein Buch zu schreiben, das gut ist – das schafft nicht jeder. Wenn Sie sich erholt haben, kommt die nächste Hürde bis zum fertigen Buch.

Zum Thema „Überarbeiten" allein lässt sich schon ein ganzes Buch schreiben, daher habe ich einige Punkte beispielhaft herausgesucht. Wenn Sie das Schema verinnerlicht haben, können Sie jeden beliebigen Überarbeitungsschritt damit bewältigen.

Hier habe ich als Beispiel wieder den Kinderroman gewählt.

Szenen umschreiben

a. Was soll GPT tun:

Bitte hilf mir, eine Szene zu verbessern.

b. Liefern Sie den Text:

Hier ist der Text, bei dem ich Hilfe brauche: …

c. Was wollen Sie erreichen:

Der Text soll mehr für Kinder zwischen 8 und 10 Jahren geschrieben sein und einen humorvollen Ton haben.

Ebenso können Sie die Szene erweitern, wenn sie Ihnen zu kurz erscheint: *Bitte erweitere die Szene um 100 Wörter. Beachte dabei das Prinzip Show, don't tell und füge ein paar Metaphern und Vergleiche ein. Vermeide Adjektive.*

Bei der Wortanzahl nimmt GPT es nicht so genau. Es ist mir passiert, dass ich eine Szene um 100 Wörter verlängert haben wollte und GPT sie stattdessen um 152 erweitert hat. Sollten Sie eine bestimmte Wortanzahl benötigen, zählen Sie lieber nach.

Wenn Sie sich nicht ganz sicher sind, welchen Ton die Szene haben soll, lassen Sie sich mehrere Versionen schreiben und vergleichen Sie. So bekommen Sie ein Gespür für die verschiedenen Tonalitäten.

Füllwörter und anderes aufspüren und verbessern

Dasselbe Vorgehen funktioniert auch bei der Suche von Füllwörtern, Passiv-Konstruktionen, Konjunktiven und Fremdwörtern. Ändern Sie dafür den Punkt c. ab: *Bitte zeige mir alle Füllwörter an. Mach mir eine Tabelle, in der Satz für Satz der ursprüngliche und daneben der verbesserte Text aufgeführt sind.*

Schreibstil analysieren und verbessern

Unser eigener Schreibstil ist, was uns von anderen unterscheidet. Viele wissen aber gar nicht, in welchem Stil sie schreiben. GPT kann da weiterhelfen.

a. Was soll GPT tun:

Bitte analysiere die folgende Textpassage auf ihren Stil.

b. Geben Sie den Text ein:

Hier ist der Text, bei dem ich Hilfe brauche: …

Wenn Sie die Befürchtung haben, dass sich Ihr Stil während des Schreibens verändert hat, wählen Sie verschiedene Szenen aus dem vorderen und dem hinteren Teil Ihres Manuskripts aus und lassen diese analysieren oder fragen Sie nach einem direkten Vergleich.

Wenn Sie den Stil analysiert haben, können Sie GPT bitten, den Text umzuschreiben.

a. Was soll GPT tun:

Bitte verbessere den folgenden Text: …

Platz für Ihre Notizen

b. Wie soll der Text aussehen:

Er soll mehr nach dem Prinzip Show, don't tell geschrieben sein und sensorische Details aller fünf Sinne enthalten.

c. Wie soll das Ergebnis dargestellt werden:

Bitte erstelle eine Tabelle, in der die Unterschiede aufgelistet sind.

Rechtschreibung, Grammatik und Zeichensetzung

Auch für diese Art der Überarbeitung ist GPT geeignet. Bitte denken Sie daran, dass die Tools nicht fehlerfrei sind, wie wir weiter vorne schon gesehen haben. Für diesen Teil der Überarbeitung nutze ich auch gerne das Tool DeepL Write.

a. Was soll GPT tun:

Bitte überprüfe die folgende Textpassage hinsichtlich Rechtschreibung, Zeichensetzung und Grammatik. Hier ist der Text: ...

b. Wie soll das Ergebnis aussehen:

Bitte erstelle eine Tabelle, in der alle Änderungen aufgelistet sind und erkläre, warum du diese Änderungen vorgenommen hast.

Es gibt viele Möglichkeiten, einen Text zu überarbeiten, und jeder Autor hat eine andere Vorgehensweise. Das Einzige, bei dem ich mir sicher bin, ist, dass eine Überarbeitung mit KI-Tools weder Lektorat noch Korrektorat ersetzt, unabhängig davon, ob Sie Selfpublisher oder Verlagsautor sind.

Titelfindung

Leser entscheiden innerhalb eines Bruchteils einer Sekunde, ob sie das Buch eines zweiten Blickes würdigen. Entscheidend hierfür ist – neben dem Cover – der Buchtitel. Dieser soll den Leser anziehen und dazu bewegen, den Klappentext beziehungsweise die Beschreibung zu lesen. Um das zu erreichen, sollte er auf den Inhalt bezogen sein und den Ton und das Thema der Zielgruppe treffen. Wir alle wissen, wie unglaublich schwierig das ist, aber GPT kann auch hier helfen. Als Beispiel greife ich das Sachbuch für angehende Katzenbesitzer wieder auf; für Romane funktioniert es genauso.

a. Was soll GPT tun:

Bitte hilf mir bei der Titelfindung für ein Sachbuch.

b. Stellen Sie Kontext zur Verfügung:

Wenn Sie bereits einen Pitch oder Klappentext haben, geben Sie diesen ein; andernfalls beschreiben Sie kurz den Inhalt des Buches. In meinem Beispiel: *Es beinhaltet alles, was ein angehender Katzenbesitzer beachten sollte.* Alternativ geben Sie die Gliederung ein oder, falls Sie noch im selben Chat sind, in dem Sie diese erstellt haben, beziehen Sie sich darauf.

c. Legen Sie Ton und Stil fest, wenn Sie schon eine bestimmte Vorstellung haben:

Der Titel soll informativ und beschreibend sein.

d. Sagen Sie, wie viele Vorschläge GPT machen soll:

Bitte mach mir zehn Vorschläge.

Wenn kein passender Vorschlag dabei ist, fragen Sie nach weiteren. Wenn ich mich nicht zwischen Titeln entscheiden kann, frage ich GPT, welche Entscheidung er treffen würde und aus welchem Grund: *Mir gefallen Titel 2 und 3 gut, ich kann mich aber nicht entscheiden.*

Bitte triff diese Entscheidung für mich und erkläre mir den Grund für deine Wahl. Manchmal hilft mir das, um selbst auf neue Ideen zu kommen.

Pitch, Klappentext und Exposé

Kaum etwas ist schwieriger, als die Essenz eines Buches in Kürze zusammenzufassen. Leider kommen wir um diese Arbeit nicht herum, egal ob wir im Verlag oder im Selfpublishing veröffentlichen. Für dieses Beispiel nutze ich wieder meinen Kinderroman.

a. *Was soll GPT tun:*

Ich schreibe einen Kinderroman über ein 12-jähriges Mädchen, das endlich reiten lernen darf und benötige dafür einen Klappentext.

b. *Geben Sie GPT die wesentlichen Angaben:*

In der Reitschule trifft Helene auf das Schulpferd Rebell, mit dem sie in Gedanken reden kann. Die 14-jährige Nicole macht Helene das Leben schwer, weil sie auf deren besondere Beziehung zu Rebell neidisch ist. Als der Stall verkauft werden soll, müssen sich die Mädchen zusammenraufen, um dieses zu verhindern.

c. *Wie sollen Ton und/oder Stil des Klappentextes sein:*

Der Klappentext soll das Geheimnis zwischen Rebell und Helene andeuten und ermutigend wirken.

d. *Haben Sie ein Beispiel oder eine bestimmte Anforderung, lassen Sie es GPT wissen:*

Mir gefällt, wie der Klappentext der Buchreihe „Elena – Ein Leben für die Pferde" die Neugier weckt.

e. *Fragen Sie nach mehreren Vorschlägen:*

Bitte gib mir drei verschiedene Versionen eines Klappentextes.

Wenn Sie einen Pitch erstellen, tauschen Sie das Wort Klappentext aus und bitten Sie GPT, das Ende des Buches in das Ergebnis mit einzubeziehen.

Bei einem Exposé benötigt GPT mehr Kontext, um ein zum Buch passendes Ergebnis zu erhalten. In meinem Fall, wie die Mädchen sich zusammenraufen, was sie unternehmen, um den Stall zu retten, und wie das Buch endet.

Sie können auch Ihre schon erarbeiteten Texte ins System eingeben und sie auf Schlüssigkeit und Verständlichkeit prüfen und vom System verbessern lassen.

Platz für Ihre Notizen

Fazit

Die genannten Anwendungsbeispiele sind nur eine Auswahl. KI-Modelle können uns in vieler Hinsicht beim Schreibprozess unterstützen. Einige weitere Beispiele sind: Schreibübungen kreieren, Genre bestimmen lassen, falsche Fährten legen und Vorahnungen einbauen, eine Kunstsprache oder Slang entwickeln, Interviewfragen ausarbeiten, Texte zielgruppengerecht ausrichten und vieles mehr. Es läuft immer nach demselben Schema ab. Seien Sie kreativ, probieren Sie alles aus, was Ihnen einfällt. Auch hier gilt: Je mehr Übung Sie haben, desto leichter und effektiver ist es. Und wenn Sie mal gar nicht weiterkommen, dann fragen Sie GPT, was der Prompt enthalten muss beziehungsweise wie er lauten sollte, damit Sie ein passendes Ergebnis für Ihre Anliegen erhalten.

Aber bedenken Sie bitte, dass die Modelle nur Vorschläge machen, die wir als Ansatzpunkt nehmen. Bei aller Unterstützung wird oft vergessen, dass wir eine eigene Kreativität haben, die gefördert werden will, damit sie nicht verkümmert. Auch wenn GPT uns scheinbar alle Arbeit abnehmen kann, sind wir immer noch Autoren mit einer unvergleichlichen Stimme, die ein eigenes, einzigartiges Werk schaffen wollen.

Teil 4
Welches Programm soll ich nehmen?

Es gibt eine Unzahl an GPT-Programmen und es werden jeden Tag mehr. Ich möchte Ihnen vier Text-zu-Text-Systeme vorstellen, empfehle Ihnen aber, mehrere und andere Programme auszuprobieren, um zu sehen, welches Ihnen am meisten liegt.

ChatGPT

ChatGPT gibt es als kostenfreie Version und als Plus-Version, welche derzeit $ 20 / Monat kostet.

Letztere hat einige Vorteile, die ich Ihnen kurz darlegen möchte:

- Die Plus-Version beinhaltet die neue Version ChatGPT 4. Das heißt, sie hat eine verbesserte Merkfähigkeit und Kontextverarbeitung von etwa 300 Buchseiten. Sie wurde mit einer signifikant größeren Menge an Parametern trainiert im Vergleich zu Version 3.5, wodurch sie bei der Lösung komplexer Aufgaben eine verbesserte Schlussfolgerungs- und Problemlösungsfähigkeit aufweist.
- Die Aktualität der Trainingsdaten reicht bis April 2023.
- Sie haben die Möglichkeit, sogenannte Plug-ins (kleine Programme, die den Funktionsumfang erweitern) zu installieren, mit denen Sie unter anderem auf das Internet zugreifen können.
- Durch die Integration des Bilderstellungsprogramms DALL-E 3 kann ChatGPT jetzt auch Bildinhalte erstellen, verarbeiten und interpretieren.
- Die Basisversion ist oft überlastet, sodass es zu Verzögerungen oder Systemausfällen kommt; das ist bei der Plus-Version seltener der Fall.
- Sie können die Plus-Version monatlich kündigen und bei Bedarf wieder aktivieren. So können Sie sie ausprobieren, ohne sich in Unkosten zu stürzen.

Für Brainstorming und Schreiben finde ich die kostenfreie Version ausreichend. Bitte bedenken Sie, dass sie trotzdem nicht umsonst ist, Sie bezahlen mit allen Daten, die Sie in das System eingeben. Für mich ist ChatGPT das geeignetste Modell und daher benutze ich es hauptsächlich. Ich mag es übersichtlich und ohne viele Funktionen. Ein Eingabefeld, ein Ausgabefeld und an der Seite der Chat-Verlauf. Wenn man das Prompten beherrscht – was Sie ja jetzt tun, finde ich es optimal. Aber vielleicht bin ich nur ein Gewohnheitstier, das bei dem bleibt, was es als Erstes kennen gelernt hat.

Copilot

Microsoft hält einen großen Anteil von OpenAI, die beiden Firmen arbeiten eng zusammen. Da ist es nicht verwunderlich, dass Microsoft bei seinem System auf ChatGPT zugreift. Obwohl beiden Chatbots dasselbe System zugrunde liegt, gibt es ein paar Unterschiede.

- Für die Nutzung von Copilot benötigen Sie ein Microsoft-Konto; es läuft nur mit dem Edge-Browser.
- Mit Copilot benutzen Sie automatisch die verbesserte Version ChatGPT 4. Das macht Copilot viel leistungsfähiger gegenüber der kostenlosen Version von ChatGPT, wie wir vorne schon gesehen haben.
- Copilot arbeitet Hand in Hand mit der Bing Suchmaschine. Bei der Beantwortung Ihrer Eingaben nutzt es tagesaktuelle Quellen aus dem Internet, die es mit dem Ergebnis mitliefert.
- Das Modell verfügt über drei verschiedene Konversationsmodi – kreativ, ausgeglichen und präzise. Dies ist die einzige Möglichkeit, die Ausgabe außerhalb des Prompts zu beeinflussen; es gibt keine Möglichkeit, eine Persönlichkeit anzulegen.
- DALL-E 3 ist als Bilderstellungsprogramm in Copilot integriert.
- Copilot wird über die Einnahmen aus der Werbung im Browser finanziert.

Ich selbst nutze Copilot vor allem zu Recherchezwecken. Als Schreibprogramm ist es mir zu unübersichtlich und auch zu selbständig. Wenn ich in der Suchmaschine etwas gesucht habe und dann zum Chat wechsle, liefert er mir automatisch eine Antwort auf die vorherige Suchanfrage, die ich meistens nicht brauche. Das unterbricht meinen Workflow, außerdem erscheint dieser ungewollte Chat in meinem Verlauf und ich muss ihn wieder löschen, um einen Überblick zu behalten.

Neuroflash

Die Neuroflash GmbH ist eine deutsche Firma mit Sitz in Hamburg, deren gleichnamiges Programm einige Vorteile hat.

- Als deutsches Unternehmen unterliegt die Firma den deutschen Gesetzen, was ein großer Pluspunkt in Bezug auf den Datenschutz ist. Neuroflash basiert auf ChatGPT und verfügt über eine Schnittstelle zu OpenAI, über die Input und Output Ihrer Anfragen weitergeleitet werden. Laut Neuroflash werden Ihre Daten nicht zu Trainingszwecken verwendet und bleiben geheim.
- Dieses Modell generiert die Texte direkt in deutscher Sprache, wodurch Übersetzungsfehler vermieden werden.
- Neuroflash hat neben dem ChatFlash, der mit der Funktion von ChatGPT vergleichbar ist, noch Vorlagen für über 100 verschiedene Textarten, die Sie durch die Texterstellung führen.
- Zudem ist es bei diesem Programm möglich, viele verschiedene Persönlichkeiten zu erstellen. Diese können Sie je nach Bedarf anwählen und müssen dem Programm nicht jedes Mal eine Rolle, einen Ton etc. zuteilen.
- Ein nettes Feature ist auch die Favoritenfunktion. Damit können Sie besonders gelungene Prompts kennzeichnen, damit Sie sie bei Bedarf schnell wieder zur Hand haben.
- Mit Neuroflash können Sie nicht nur Texte erstellen, sondern auch Bilder.
- Ein weiteres großes Plus sind die umfangreichen Tutorials und der deutsche Support.
- Das Unternehmen bietet verschiedene Preispläne ab 25 €/Monat an, die jederzeit kündbar sind.
- Sie können auch die Free-Version nutzen. Mit dieser haben Sie nur 2000 Wörter/Monat, wobei nicht nur die generierten Texte zählen, sondern auch die Prompts. Das ist nicht viel, aber zum Ausprobieren und Kennenlernen reicht es aus.

Neuroflash ist ein sehr gutes Tool, das viele Funktionen bietet, vor allem, wenn man sich als Neuling an das Prompten herantastet. Die Vorlagen erleichtern den Einstieg, aber es dauert etwas, sich mit dem Programm vertraut zu machen. Mich schränken diese Vorlagen eher ein, als dass sie mir nützen. Da ich das Prompten beherrsche, bietet Neuroflash für mich wenig Mehrwert gegenüber ChatGPT, ist aber deutlich teurer.

Google Gemini

Dieses Modell möchte ich Ihnen nicht vorenthalten, obwohl meine Erfahrungen damit nicht sehr groß sind; es war erst einige Tage vor Fertigstellung dieses Buches in Deutschland nutzbar. Da das Vorgängermodell Bard aus verschiedenen Gründen für mich uninteressant war, wartete ich sehr gespannt auf den Nachfolger – und war angenehm überrascht.

Gemini ist sehr clean in seinem Erscheinungsbild. Wie bei ChatGPT auch, finden sich links in der Seitenleiste der Chat-Verlauf, sowie die Einstellungen für Ihr Konto. Die Eingabeleiste für die Prompts befindet sich in der Mitte unten und der aktuelle Chat erscheint in der Mitte.

Was mir besonders angenehm auffällt ist, dass die vielen Werbeanzeigen wegfallen, die Bard mit seiner Antwort auswarf. Diese unterbrachen nicht nur den Lesefluss, sondern machten sich auch in der Antwortgeschwindigkeit bemerkbar. Zudem bekomme ich von Gemini Antworten, die für mein Empfinden auch passender und ausgereifter sind als die von Bard.

Ich möchte einige Punkte auflisten.

- Für die Nutzung von Gemini ist ein Google-Konto notwendig.
- Die Pro-Version ist kostenfrei und ersetzt den Chatbot Bard, die Ultra-Version ist leistungsstärker und kostet im Google Advanced Abo etwa $ 20 / Monat.
- Gemini greift auf das Internet zu und überprüft seine eigenen Antworten mit der Google Suche.
- Nutzer können den allgemeinen Google-Support nutzen, wenn sie Probleme mit Gemini haben. Zudem gibt es eine FAQ-Seite direkt auf der Anwenderoberfläche.
- Gemini weist selbst darauf hin, dass die Unterhaltungen von Prüfern gelesen werden, um die verwendeten Technologien zu verbessern.

- Gemini gibt für jede Anfrage drei Vorschläge aus.
- Nach seiner eigenen Aussage ist Gemini ideal für Nutzer, die die Google-Dienste beanspruchen und komplexe Aufgaben lösen wollen; für kreative Aufgaben ist er weniger geeignet.
- Die Pro-Version kann Bilder verarbeiten; selbst welche erstellen kann sie nicht.

Ich werde den Google Chatbot weiterhin ausgiebig testen, denn in seiner neuen Erscheinung sehe ich durchaus Potential für eine Nutzung.

	ChatGPT 3.5	ChatGPT 4	Neuroflash	Copilot	Google Gemini
Aktualität	September 2021	April 2023, in Verbindung mit dem Internet tagesaktuell	April 2023	tagesaktuell	tagesaktuell
Datenschutz	–	–	+	–	–
Erinnerungs-fähigkeit	2.500 Wörter	ca. 300 Buchseiten	ca. 300 Buchseiten	k. A.	k. A.
Persönlich-keiten erstellen	1	1	viele	1	1
Vorlagen	–	–	+	–	–
Support	–	–	+	–	+
Bilder erstellen	–	+	+	+	–

Kurz vorstellen möchte ich auch noch die Programme, die ich im Text erwähnt habe:

Perplexity

Bei diesem Tool handelt es sich um eine Suchmaschine, die eine Chatbot-Schnittstelle hat. Sie können wie bei GPT die Fragen in natürlicher Sprache stellen, anstatt spezifische Suchbegriffe zu verwenden wie bei einer reinen Suchmaschine, und erhalten die Antworten im Gegensatz zu Google und Co ebenfalls in natürlicher Sprache. Ebenso wie bei Copilot zeigt Perplexity die Quellen an und liefert mit der Antwort auch Vorschläge zu verwandten Themen. Im Endeffekt ist es wie Copilot, aber ohne die Einbindung von ChatGPT 4; diese gibt es nur in der kostenpflichtigen Version.

DeepL

Bei diesem Tool handelt es sich um eine Übersetzungssoftware, die um einen KI Writer erweitert wurde. Es verbessert den eingegebenen Text hinsichtlich Grammatik, Zeichensetzung und Rechtschreibung. Zu diesem Tool kommen Sie über die Seite deepl.com. Nach einem Klick auf den Button „DeepL Write" öffnet sich dieser in einem neuen Fenster. Kopieren Sie den Text in das linke Eingabefeld und das Tool startet sofort mit der Bearbeitung. Man kann zwischen fünf verschiedenen Stilen auswählen: einfach, geschäftlich, akademisch, technisch und locker. Für das Tagesgeschäft nutze ich es ganz gerne. Um Buchtexte zu prüfen, ist mir ChatGPT oder Neuroflash angenehmer, weil diese mehr Möglichkeiten bieten und man genau angeben kann, welcher Punkt überprüft werden soll.

DeepL Write ist ebenso wie der Übersetzer in der kostenfreien Version auf 2.000 Zeichen pro Vorgang begrenzt, die Bezahlversion gibt es derzeit für 7,49 € / Monat.

Teil 5
Quellenangaben

1. vgl: **Bales, Rebecca**, Early Automata Explained: Everything You Need to Know, in: History-Computer, 25.07.2023, [online] https://history-computer.com/early-automata/ (abgerufen am 14.02.2024).

2. vgl: **o.V.**, Pascaline: in: Arithmeum Uni Bonn, o. D., [online] https://www.arithmeum.uni-bonn.de/sammlungen/rechnen-einst/objekt.html?tx_arithinventory[object]=16461 (abgerufen am 14.02.2024).

3. vgl: **Racknitz, Joseph**, Das Geheimnis des Schachtürken, in: geo.de, 08.10.2021, [online] https://www.geo.de/wissen/22657-rtkl-legendaerer-automat-ein-bluff-und-doch-ein-meisterwerk-wie-das-geheimnis-des (abgerufen am 14.02.2024).

4. vgl: **o.V.**, The Strange Theory of the Homunculus, in: Mental Itch, 17.11.2023, [online] https://mentalitch.com/the-strange-theory-of-the-homunculus/ (abgerufen am 14.02.2024).

5. vgl: **Wikipedia-Autoren**, Geschichte der künstlichen Intelligenz, in: Wikipedia, 17.01.2024, [online] https://de.wikipedia.org/wiki/Geschichte_der_k%C3%BCnstlichen_Intelligenz (abgerufen am 14.02.2024).

6. **Hobbes, Thomas**, Leviathan (1651) Chapter five, Of Reason and Science, Reason Defined, London, 1651, https://www.gutenberg.org/files/3207/3207-h/3207-h.htm, Abrufdatum 28.03.2024.

7. vgl: **Swade, Doron D**, Der mechanische Computer des Charles Babbage, in: Spektrum der Wissenschaft, o. D., [online] https://www.spektrum.de/magazin/der-mechanische-computer-des-charles-babbage/820781 (abgerufen am 14.02.2024).

8. vgl: **Meier, Christian**, Er hätte so reich werden können wie Bill Gates, in: ingenieur.de, 18.06.2010, [online] https://www.ingenieur.de/technik/fachbereiche/ittk/er-haette-so-reich-koennen-bill-gates/ (abgerufen am 14.02.2024).

9. vgl: **Wikipedia contributors**, Logic Theorist, in: Wikipedia, 19.01.2024, [online] https://en.wikipedia.org/wiki/Logic_Theorist (abgerufen am 14.02.2024).

10. **Otte, Ralf**, Künstliche Intelligenz für dummies. Weinheim : Wiley-VCH Verlag GmbH & Co KG, 2019. 978-3-527-71494-0.

11. vgl: **Lenzen, Manuela**, Künstliche Intelligenz, Was sie kann & was uns erwartet. C.H.Beck, München, 2018, 978-3-406-71869-4, Seite 16.

12. **o.V.**, Was ist künstliche Intelligenz und wie wird sie genutzt? | Themen | Europäisches Parlament: in: Europäisches Parlament, 20.06.2023, [online] https://www.europarl.europa.eu/news/de/headlines/society/20200827STO85804/was-ist-kunstliche-intelligenz-und-wie-wird-sie-genutzt (abgerufen am 14.02.2024).

13. vgl: **Janisch, Wolfgang**, Künstliche Intelligenz und Recht: Menschen oder Maschine?, in: Süddeutsche.de, 11.11.2022, [online] https://www.sueddeutsche.de/wissen/recht-kuenstliche-intelligenz-haftung-selbstlernende-systeme-1.5693405 (abgerufen am 14.02.2024).

14. vgl: **o.V.**, KI-Gesetz: erste Regulierung der künstlichen Intelligenz | Themen | Europäisches Parlament: in: Europäisches Parlament, 18.12.2023, [online] https://www.europarl.europa.eu/news/de/headlines/society/20230601STO93804/ki-gesetz-erste-regulierung-der-kunstlichen-intelligenz (abgerufen am 14.02.2024).

15. vgl: **o.V.**, Inhaltsrichtlinien, kpd.amazon.com, [online] https://kdp.amazon.com/de_DE/help/topic/G200672390#aicontent (abgerufen am 14.02.2024).

Über die Autorin

Gabriele Herbst hat sich nach ihrer Karriere als Rechtsanwältin und Sales Consultant dem kreativen Schreiben gewidmet. Bei Erscheinen von ChatGPT hat sie das Potential der Künstlichen Intelligenz für die schreibende Zunft erkannt und sich von Anfang an damit beschäftigt, wie sie sinnvoll angewendet und in Arbeitsprozesse integriert werden kann.

Neben ihrer Tätigkeit als Autorin hat sie es sich zur Aufgabe gemacht, ihren Kollegen diese neue Technologie näherzubringen.

Wenn sie nicht gerade schreibt, spielt sie Querflöte oder ist mit ihrem Hund in der Natur unterwegs.

Mehr zu Gabriele Herbst lesen Sie auf ihrer Webseite www.buchmitherbst.de.

Danksagung

Ich bedanke mich bei allen, die bei der Entstehung des Buches mitgeholfen haben. Allen voran bei Monika Lexa, die mich im gesamten Schreibprozess gecoacht und geduldig alle Zweifel beseitigt hat, und bei Lisa Keskin, die mir allein durch ihr Dasein den Antrieb gegeben hat, dieses Projekt bis zum Ende durchzuziehen. Und natürlich bei meiner Schreibgruppe „Die Geistschreiber“, die mir mit ihrem Feedback zu meinen Texten geholfen haben, auch die technischen Passagen verständlich auszudrücken.

Danken möchte ich auch meiner Mutter. Auch wenn sie nicht mehr bei uns ist, gibt ihr Glaube an mich mir die Kraft weiterzumachen, weil ich weiß, wie stolz sie auf mich ist.

Ein besonderer Dank gilt meinen beiden Fellnasen. Peaches, die dafür sorgt, dass ich regelmäßig spazieren gehe und so ausreichend Bewegung und frische Luft bekomme, und Prinzessin, die mit unerschütterlicher Ruhe schnurrend auf dem Schreibtisch liegt und für kurze Pausen sorgt, wenn sie ihre Streicheleinheiten einfordert.